はじめに

カヨコのダイエット人生

こんにちは
イラストレーターの
山下カヨコです
じつは私
2年前まで
万年ダイエッター
でした
夫
ヤセの大食い
ニャンコ2匹
若い頃
ヤセていた私も
身長156センチ
体重43キロ
30代頃から徐々に
太り始め
あれ?
シルエットが
ちがう…?
服が小さく
なって
いる?
鏡に映る姿が
なんか…変
いつもはいていた
ジーンズも
くっ…
入らなくなった…
そして

40代で本格的な「中年太り」に突入!

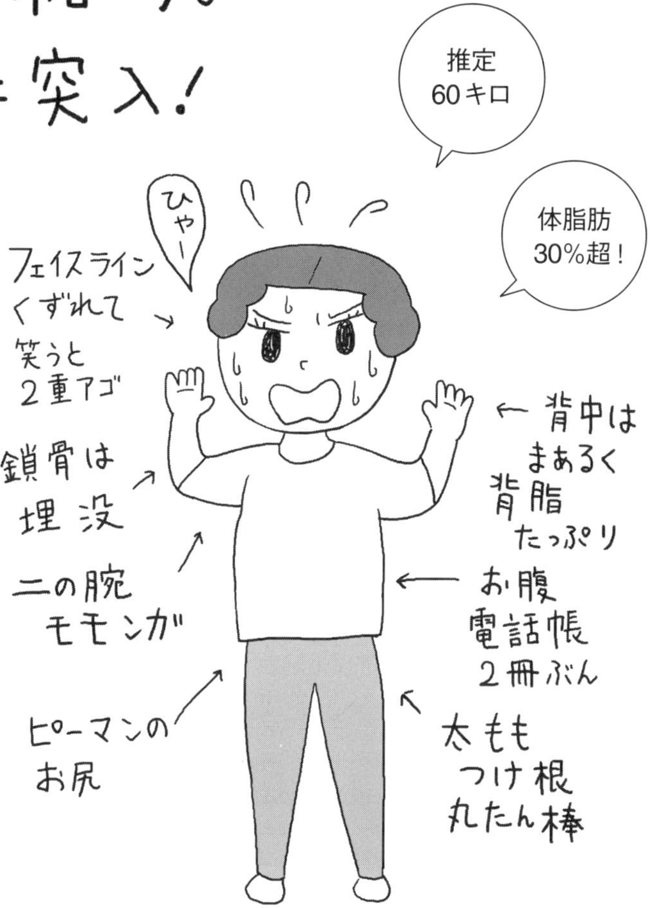
推定
60キロ
体脂肪
30%超!
ひゃー
フェイスラインくずれて
笑うと2重アゴ
鎖骨は埋没
二の腕モモンガ
ピーマンのお尻
背中はまあるく
背脂たっぷり
お腹電話帳2冊ぶん
太ももつけ根丸たん棒

当時の私
人生MAXの
太りっぷり

Before

After

ちなみに今は…

な、なんとかしなくっちゃー
解決しようといろんなダイエットをこころみるも
粉寒天
豆乳
サプリ
スキム MiLK
etc etc…

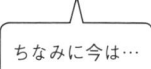

惨敗
何度か挫折しては
ひつこく立ちあがり
中年だって
きっとヤセる方法があるはずよ！
そしてあらたな
ダイエットに挑戦しては
カターン
カターン
カターン
惨敗・・・
三日坊主
あ
♪
ヤセたー
2キロ減
ちょっとヤセたとしても
ナヌ！
また太るの
くりかえし

そうこう
しているうちに
57キロ!
ガーン
計測史上
はじめての
数字を記録
どーしょ~
こ、このままじゃ
スグ60キロいっちゃう
オヨヨヨ
このときはじめて
今までの
ダイエットを
ふり返り
何が
まちがって
いたのか
なんでだろ?
チュル
なんで
ヤセられ
ないのか
努力してるんだけど
よーく
考えて
みました
Z Z Z
そして
とても単純な
原因に
気が付いて
しまった
のです
もしかして……

食べもの?!
わかっているようで意外とわかっていない落とし穴でした
そして今までの食生活をほんの少し見なおしたことで
7ケ月で10キロヤセることができました
体脂肪も31%から23%に
お腹まわり10cm減
48歳中年だってやせられました
あきらめなくてよかったー
見なおすといっても食べなかったりぬいたりするのではなく3食ちゃんとたべるダイエットです
いただきマース
そして3年がすぎようとする今も

体重47キロ、体脂肪23％前後をほどよく
キープ
そしてよく聞かれます
どーやったの教えて!!
私もヤセたい！
ギューウ
…そうだ私のようにあんなに遠まわりしなくたって
中年太りは解消できるということをみんなに伝えたい…
ということがこの本を書くきっかけとなりました
よーし
じゃあこれから本に書くから待っててねー
えーー
今すぐ聞きたい薄着の季節にまにあわせたいのよ
コラー

手抜きダイエット

もくじ

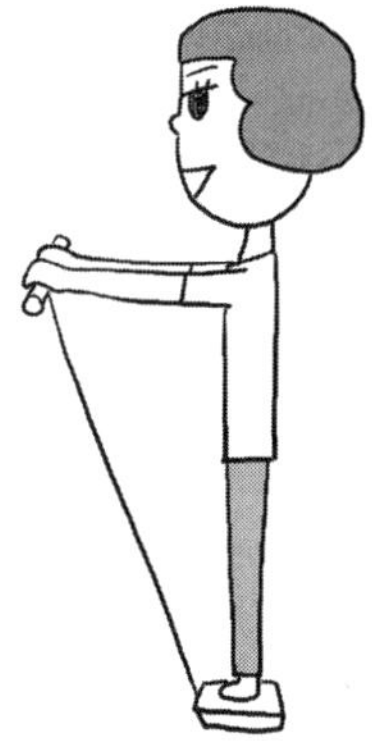

第2章 中年女子に襲いかかる、誘惑のいろいろ

第3章 中年女子の正しい食事法をマスターすれば、ヤセられる！

手抜きダイエット

第1章 中年突入！万年ダイエットが始まった！

なぜか太る謎のカラダ

30代半ば 鏡に映る姿が
どうも おかしい
ということに 気がつく
今まで着ていた 服のシルエットが びみょーに
ちがう
お腹 まわりが 少し
ポッコリ
お尻も なんとなく
大きく
太ももの つけ根が
張り出し
二の腕が
パッパッ
え
もしかして 私…

太った?!
まさかまさか
———
…52キロ!
人生初の大台
え~
ショック!
今までずっと46キロくらいだと思っていたのに
なんでなんで?ふつうに食べてるだけだし
なんで太るの?!
とにかく…やばい30過ぎるとヤセにくいって聞くし
なんとか早く手をうたなくては…!!
てことは
…やっぱり…運動?

そーよ
運動さえすれば…！
と、いうことで友人とスポーツジムに入会してマシンで筋トレ、エアロビ、プールなどやってみるが
なんとなくつまらなくて
今日プールだけにしない？
一緒に通っている友人たち
だーね
そして帰りに
ハンバーグ定食
ミックスフライ定食
カツ丼
コロッケ定食
ガッツリごはん
運動をそこそこに切りあげては
今日はこのへんにしておくか
だーね
から揚げ定食
かき揚げ定食
ミートパスタ
ヤキ肉定食
ガッツリごはん

今日はお店 どこにする？
あそこに ビビンバ定食 あるよ
定食
というようにみんなで ごはんを食べるために ジムに集まっているような 状態が続き
ヤセられるはずもなく
イヤ、逆に太ったか
8ヶ月で退会
ハァー
ジムは めんどくさいし お金かかるし
何かもっと ラクして ヤセる方法は ないの？
そして その後 ちまたにある 数々の ダイエットを 試すことに なるので あった…
そーよね いっぱい あるはずよ 楽なものが

手抜きダイエット
解説
その1

ジワジワ増える体重。これが中年太り!?

なぜかヤセなくなった世代、ダイエット成功のためには、自分のカラダを知る必要があります。

「いつの間にこんなお腹に…」30代半ばを過ぎる頃から増え始める、女性たちのそんな悲鳴。20代には何ともなかったのに、なぜそんな状態に陥ってしまうのでしょうか？　そもそも、中年太りなるものは本当に存在するのか、なぜ起きるのか。その謎を解こうと、パーソナルトレーナーの池田佐和子さん、管理栄養士の貴堂明世さん、2人の専門家をカヨコは訪ねました。

気づかぬうちに脂肪が蓄積していく世代。

中年太りに悩む多くの人がまず気づくのが、お腹まわりの脂肪です。スカートのウエスト部分に乗ったお肉、鏡で後ろ姿を見るとわかる、くずれたウエストライン…。

女性のお腹はもともと、骨盤の中身を守るために脂肪がつきやすい部分です。ところが、それで終わらないのが中年太りのこわいところ。それまでは変化がなかった顎まわりや脇の下、背中にも脂肪がつき始めます。日常生活ではあまり動かすことのないこうした場所が、余剰脂肪は大好き。密かに増殖し、やがて服の下から自己主張を始めます。さらに、運動経験があまりない人の場合は手足に筋肉がなく細いため、胴体の太さがさらに強調されることに。デコルテまわりなどは貧相な一方で、下半身はどっしり。そのアンバランスさが、さらに“太った”感を際立たせます。あちらこちらで脂肪蓄積が勃発し、しかも落ちにくいところにばかりついていく。これが中年太りの特徴です。

誰もが避けて通れない「基礎代謝の低下」。

消費カロリーより摂取カロリーが多ければ太るというしくみは、年齢を問わずに起こること。なのに、年を追うごとに脂肪蓄積が加速していく女性が多いのはなぜでしょうか？

「その主たる要因は、基礎代謝の低下です」（池田さん）

基礎代謝とは、体温調節機能や内臓の働きを保つなど、生命を維持するために体が常に行っているエネルギー代謝のこと。眠っている間も休むことなく行われ、人間のエネルギー代謝の70％を占めています。つまり、この基礎代謝が活発であればあるほど、カロリーもそこで消費されるため、太りにくくなるのです。

けれどこの基礎代謝は、17歳頃をピークに徐々に低下。そして50代に突入する頃には悲しいかな、ピーク時より350kcalも少なくなってしまうのです。

一方で、多くの人の場合、食べる量は以前と変わりません。のちほど詳しく解説しますが、女性ホルモンの減少も脂肪増加に影響を及ぼします。体が変化し、加えて運動の習慣がなければ、余剰カロリーは増え続けるのみ。まさに、「30代後半以降は“食べたら身につく”世代」（貴堂さん）なのです。

これが中年太りの真相だ！

代謝にホルモン。いろんな要素が肥満を促進する！

基礎代謝は確実に落ちていく。筋肉が1年に1％減の恐怖。

基礎代謝の低下が中年太りの主犯であることは先に述べた通り。さらに詳しく見ると？
「体の中でもとくに基礎代謝活動が活発なのは、筋肉、胃腸、肝臓の3ヶ所。中でも筋肉はダントツで、基礎代謝全体の4割を占めています。つまり、筋肉量が多いほど基礎代謝も高いわけですが、残念ながら筋肉は、年々減っていく運命にあります」（池田さん）

20歳頃をピークに、なんと1年に1％の割合で減少。これが、基礎代謝低下の主要因です。

加えて、年齢を重ねるにつれて内臓機能の働きが衰えるため、ここでもさらに基礎代謝が低下。食べる量は変わらなくても、体が変わっていくことで、脂肪をためこみやすくなるのです。

女性ホルモン減少。むくみやすく、ヤセにくくなる。

肥満に関して、中年女子世代が避けて通れないファクターが、女性ホルモンの減少。いわゆる、更年期の影響です。
「ホルモンバランスがくずれると、体温調節などをつかさどる自律神経にも影響が。冷えやむくみが起きやすくなります」（池田さん）

冷えて代謝が落ちると脂肪も分解されづらくなり、と悪循環。
「内分泌系も太る方向へとシフトする時期。更年期の影響は、早ければ30代後半から始まることもあります」（貴堂さん）

手抜きダイエット
解説
その1

脂肪は筋肉より膨らんで見える。

年に１％の割合で減っていく筋肉。ならば体重も減るのでは、と思いがちですが、そうではありません。余剰カロリーが燃えない分、脂肪が蓄積され、それが筋肉があった場所に陣取るようになります。つまり、体重は変わっていないけれど、体の中では筋肉と脂肪の入れ替えが起きているのです。これは、見た目にも大きく影響します。

「脂肪は、筋肉に比べると容積が大きいんです。同じ重量でも、脂肪のほうが柔らかい」（貴堂さん）

体のあちこちにこうした脂肪がついていくことで、全体的にどこかしまりがない、という印象に。ここ数年体重は変わっていないという人も要注意。見た目が変わってきたなら、体組織が変化してきているサインです。

ストレス→食べる、が加速する世代。

体が変化していく一方で、食への関わり方も変わり始めるのも、30代後半から。仕事に家庭、子育て…と、さまざまな悩みが押し寄せるこの世代は、

「ストレスが増え、それを食べることやお酒を飲むことで紛らわす、そんなシーンが多くなりがち。食べる量が変わらなくても太る状態のときに摂取カロリーが増えれば、さらなる追い打ちをかけることになります」（池田さん）

忙しくて食事が不規則になりやすいことも、肥満の一因に。

アナタのカラダでもすでに始まっている⁉

中年太りチェック

最近のカラダ、変化に気づきませんか？
昔と同じ量を食べてませんか？
さあ、恐怖の中年太りを
チェックします！

現在のカラダ状態編

- □ 昔はヤセていたが、最近は標準体型だ
- □ 食べていないのに太る
- □ 体重は変わらないがウエストがきつい
- □ 腰骨の上の肉を握ることができる
- □ 二の腕の下がぷるぷるする
- □ 後ろ姿を鏡に映したとき、くびれがない
- □ 最近、指輪がきつい
- □ 自分の今の体脂肪率を知らない
- □ お腹まわりが隠れる服を買うことが増えた
- □ 服を脱いだとき、下着の痕が強く残っている
- □ 最近、鏡で全身を見ていない
- □ 体温が35度台である
- □ 腰痛、膝の痛みがある
- □ 冷え症だ
- □ 最近、疲れやすい

解説
その1

生活習慣編

□ 話題のダイエットを
試したことがある

□ 夜、12時前に寝ることは
あまりない

□ エスカレーターがあれば
必ずそちらを選ぶ

□ 時々、思いついたときに
運動をしている

□ ダイエットサプリメントを
飲んでいたことがある

□ お風呂よりシャワーが多い

□ 毎日合計で
15分以上歩いていない

□ 電車に乗ったら
まず空いている席を探す

□ 姿勢が悪いと言われたことがある

□ いつかヤセようと思っている

□ 毎年夏前になると
ダイエットを決意する

□ 休みの日は家から外に出ない

食事編

□ ごはんを残すのが嫌い

□ 食事に誘われると断れない

□ 毎晩のお酒は息抜きに欠かさない

□ 朝食はあまり食べない

□ 食事はいつも
15分くらいで済ませている

□ お腹いっぱい食べないと
つまらない

□ 食事中にテレビを見る習慣がある

□ お菓子やおつまみの買い置きが
常にある

□ 太ったな、と思ったときは
食事を抜く

□ 油は低カロリーのものを使っている

□ どんぶりものやパスタをよく食べる

□ バイキングや食べ放題の店が好き

小さな要因が積もり積もって起きるのが、中年太り。見て見ぬフリをしてきたカラダの現状に、「これくらいなら」とスルーしてきた食事の習慣、知らぬ間に脂肪がつく原因になっていた生活習慣。あてはまる項目が多かった人、生活を見直しましょう。

こんなことやってみたシリーズ❶

寒天ダイエット

私、寒天が大好きなのね ゼリーにしたり 和菓子作って 食べたりして
それが最近…
どこへ行っても 売りきれてて 困っちゃうの
へー
どうも 「寒天ダイエット」が ブームらしくて
寒天は カロリーがゼロ お腹の中で ふくれて 満腹感を 得ることが できるので 食品にまぜたり 飲み物にまぜたり することによって ドカ食いを 抑える ことができ、 体脂肪の蓄積を 防げる効果も ある…らしい

「これ食べればヤセる」とかいう情報が流れるたびにスーパーからその食品がなくなるなんてばかげてるワョ
そろそろみんな情報に踊らされてることに気がつくべきだと思うの
そーよネ
だいたいそんなにカンタンにヤセられてたらとっくに私なんてガリガリだもの
私は寒天がぜんぜん好きじゃないのよでもね
ごはん炊くときに毎日寒天を入れて食べてるの
ごめん
これ全部あげる…あきちゃったし
アラ
情報に踊らされてるひとりです

こんなことやってみたシリーズ❷

週末プチ断食ダイエット

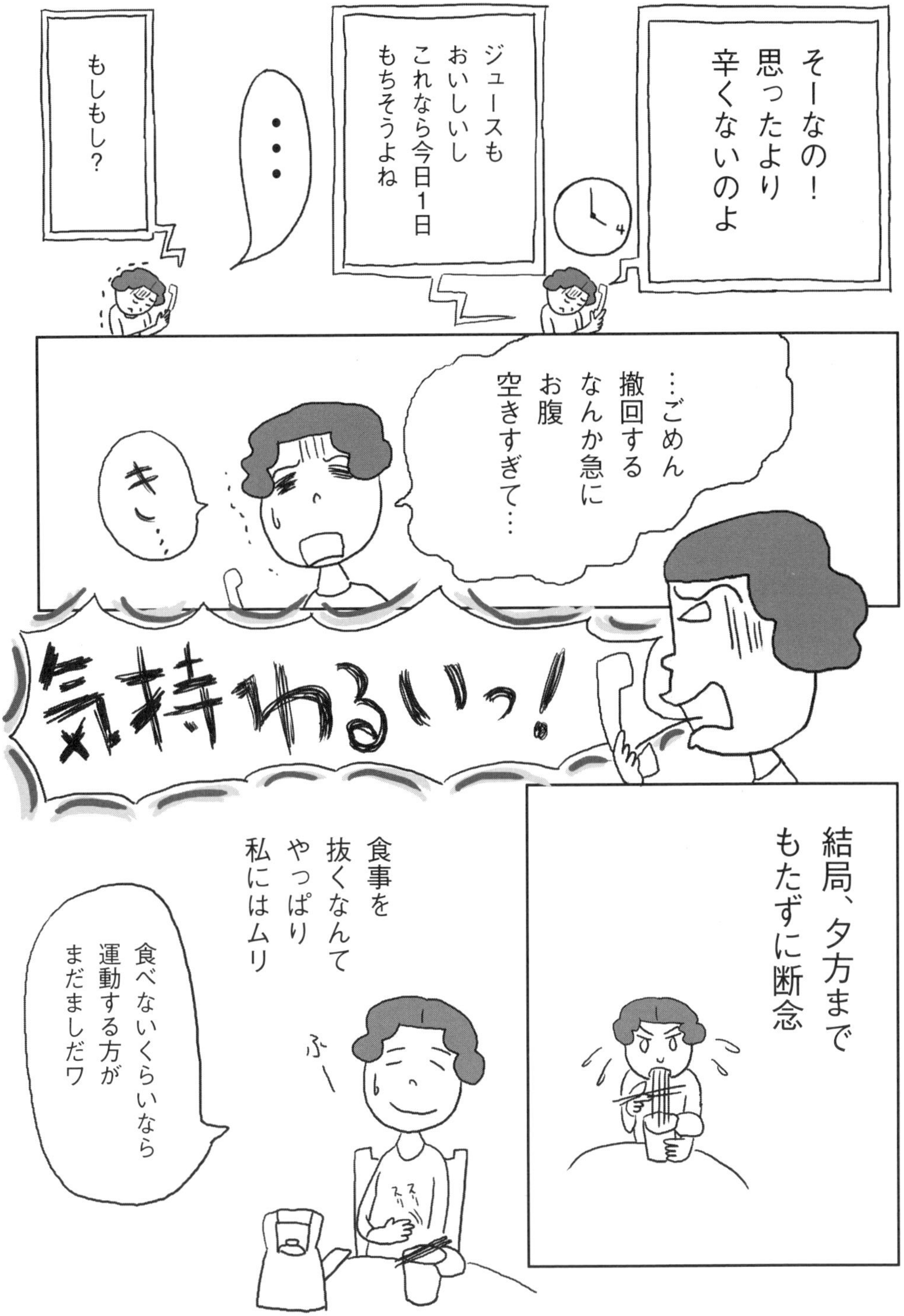

そーなの！思ったより辛くないのよ
ジュースもおいしいしこれなら今日1日もちそうよね
・・・
もしもし？
…ごめん撤回するなんか急にお腹空きすぎて…
き…
気持わるいっ！
結局、夕方までもたずに断念
食事を抜くなんてやっぱり私にはムリ
ふー
食べないくらいなら運動する方がまだましだワ

こんなことやってみたシリーズ❸
測るだけダイエット
某テレビ番組で紹介された毎日体重を測り記録するだけで
55
54
53
52
グラフにする
ヤセる!
というダイエット
えー
そんなバカなそんなんでヤセてたらみんなとっくにヤセてるわよー
とは思いつつも
これでいいのかな?
すぐさま100g単位で測れる体重計を購入
これください
そしてその日から毎日体重を測って

記録した…

が、
いっこうに
ヤセる気配は
なかった

どーして
くれるんだ
体重計まで
買ったのに

このダイエットの
極意は毎日測って
記録することで
自発的に
ヤセる努力を
するようになる
←
少しヤセる
←
記録することが
楽しくなる
←
もっと努力する
←
気がついたら
ヤセている

…ということだった…と思う

せっかく
だから
ひと駅歩こう
少しヤセた
走ってみよう
ヤセた！

でも
私の場合

だって
測るだけで
いいんでしょ？
ポテチ

ただ本当に測って
記録しただけなので
ヤセるはずもなかった

その他
試してみた
○○ダイエット
L-カルニチン
そんなに
ラム肉ばかり
食べられない
納豆 1日3パック
スーパーから
消えた
Skimmed milk
ヨーグルトに
スキムミルクを
まぜて食べる
スーパーから
消えた
発芽玄米
いまいち効果を
確認できず
アルファリポ酸と
コエンザイムQ10
いまいち効果を
確認できず
豆乳きなこ
ジュース
まずかった
我ながら…
こりずに
イロイロ
試したもんだ

ゴーヤー茶
⇩
いまいち効果を
確認できず
食前にキャベツ
⇩
あきちゃった
豚ゴマ
ダイエット
⇩
ただおいしく
いただきました
炭水化物抜き
⇩
やっぱりごはんが
食べたいので
2日で中止
黒豆の煮汁
⇩
作るのが
面倒なのと
高価なので
断念
にがり
⇩
多量にかけすぎて
お腹が痛くなって
中止
etc
etc…
とにかく楽してヤセたかったので
いつもの3回の食事にプラスするという方法がほとんどでした

水着を買わずに
トボトボ帰る

毎年夏の終わりに
友人と近所の
区民プールに行き
夕方から夜にかけて
泳ぎまス
午後8:00まであいている
50mの屋外プール
その時間帯だと
紫外線を
避けられるし
水着姿が
闇にまぎれるから
であります
ぬき足
さし足
水に入れば
なおさら
まぎれる
そんなある年、
長年愛用していた
水着が
とうとう
入らなくなり
購入することに
デパート
しかし久々に
試着した水着は
どれも小さく
ぐ
苦し……い
……このありさま

やっと入ったとしても
デブリーン
…なんじゃこりゃ
カラダのラインがあらわになるので着たくない
そおいうお年頃なのです
…しょうがない帰ろう
ということで15年以上、恒例になっていたプールを断念
ゴメン、水着が入らないから今年はパスする
でもかえるときに電話してね
シャー
プールはパスしてもごはんはパスしない
そんな47歳の夏であった
カンパーイ！
スキヤキ膳にしょうー♪
メニュー

はりきってエクササイズ、でも挫折シリーズ❶

パンスト二の腕エクササイズ

20代後半から
徐々に
太くなり始めた
二の腕は

ドデーーン
ふ、太ももか…！

40代になると
恐ろしいほどの
成長をとげていた

そこで
テレビで紹介された
パンストを使った
エクササイズに
挑戦してみることに

2本のパンストを編んで1本のロープ状にしたもの

これを使った
2種類の
エクササイズを
20回〜30回
1セットで毎日行う

今まで二の腕の
エクササイズは
全部三日坊主に
終わっていた

よーし

だから
今回は
きっちり
やってみよう

二の腕を細くするには
上腕三頭筋を
鍛えるとよいらしい
上腕二頭筋
上腕三頭筋
よし、
パンストで
鍛えるぞー
上腕三頭筋!
オーー!
そして毎日
こつこつ
きっちり
こなし
めずらしく続いている
4週間が
たつ頃には
腕の内側に
それはそれは
みごとな
筋肉玉が・・・!!
・・・
ボッコリ
やりすぎたのか
力の入れどころが
悪かったのかは
わからない
けど
めざしたのが
こんな
二の腕じゃない
ことだけは
確かであった
ポイ
キャ、キャー

はりきってエクササイズ、でも挫折シリーズ❷
○○ズブートキャンプ
軍隊式エクササイズはやってるよねー
でも自宅でひとりでやってても続かなそー
じゃさ3人でやればいいいんじゃない?
ということで友人とネットでDVDを購入
7日間集中プログラムがおさめられたDVD 4枚
おまけの巻じゃく
付属の○○バンド
そして友人宅で第1回めの○○会が開かれた
キック キック パンチ
ブン ブン
テレビの前のみんな入隊おめでとう!
イトマキ グルグル グルグル
イエーーイ!

ヴィクトリー！
1枚め1時間くらいのプログラムが終了
やった感あるね
ハァ
すごい汗
ハァ
これは効くよー
ハァ
ハァ
…しかしそのあと誰からも2回めの○○会の話は出ず全員なにげに除隊…
運動不足の中年女子にはちとハードだったことと
イ、タタ筋肉痛が
え 何？
次は右へ2回〜
購入したDVDが日本語吹き替え版ではなかったことが敗因だと思われた
いちいち字幕を見なければいけないのでめんどう

その他
挫折した
エクササイズ
アイソメトリック筋トレ
肩がこる
ビーチボール
はさみ歩き
けっこう
はさめない
8の字 ひねり
お腹のゼイ肉が
じゃまだった
デューク式
ウォーキング
部屋が狭くて
歩きまわれ
なかった
腰まわし
すぐにあきて
しまった
お尻歩き
腰が痛くなった

3分間
サーキット式
せわしなくて
めんどくさくなった
ピラティス
けっこうキツイ
モンキーエクササイズ
床がキレイでないと
やりづらい
パワーヨガ
かなりキツイ
インスパイリング
いつのまにか
フェイドアウト
だいたいは三日坊主続いても3週間もっと続けてれば効果も出たのだろうけど…
…エトセトラ
エトセトラ

解説
その2

付け焼き刃ダイエットではヤセない

ちまたで話題のダイエット。トライしては挫折、のワケは。

これさえやっておけば…の油断が命取り。

測るだけ、食前にキャベツを食べるだけのダイエットetc.。一見手軽に思えるこれらの“○○だけダイエット”。でも、山下さんのように、トライしては挫折、を繰り返す人が多いのも事実です。そこに隠れているのは、「これさえやっておけば」という依存心。ダイエットしているという安心感からかえって食べすぎる、というのも多いパターンです。

「運動でヤセようとする場合も同じ。ジムに入ったから安心、ではダメなんです」(池田さん)

張り切りすぎて疲れてしまい、続かないということもある。

「これまでの生活の見直しをせずに“○○だけダイエット”や的外れ運動をプラスしても、効果は出ません」(貴堂さん)

「ヤセる成分」に過剰に期待しないこと。

体脂肪を燃やしてくれる成分として注目のLーカルニチンやカプサイシン。酢に含まれる酢酸も、糖質の代謝経路を助けるとして人気ですが、

「いずれも作用は微々たるもの。それよりは食事の量をきちんとコントロールするほうが、効果は絶大です。魔法のダイエット成分は存在しないと考えたほうがいいでしょう」(貴堂さん)

難しい名前のダイエット成分入りサプリメントなども、過剰に期待するのは考えものです。

急激にヤセて、でもリバウンドして、で、モチベーションダウン。

こうした付け焼き刃的なダイエットは、仮にうまくいったとしても長続きしないもの。

「最初の3ヶ月くらいでヤセるけれど、その後は横ばいに。飽きるし、内容に無理もあるため、続けられないんです」(池田さん)

お金がかかる、キャベツばかり食べられない…。そうした無理なダイエットの後にやってくるのは、リバウンドです。制限を解かれた体は、一気に脂肪をつけようとします。結果、以前より体重や体脂肪が増え、やる気を失う。これが、よくあるパターンです。

「最後は中年だから仕方ない、とあきらめてしまう。無理なく続けられるダイエット法を身につけない限り、同じことを繰り返すことになります」(池田さん)

「健康法」と「ヤセる食事」を混同するなかれ。

たとえば疲れを取るビタミンB_1が豊富な豚肉、抗酸化力が高いとされるゴマ。確かに健康にはいい食材です。でも、それがダイエットに有効かは別問題。健康になり、代謝が上がってヤセる…のかもしれませんが、食材自体のカロリーを忘れては本末転倒。たとえば炒りゴマは、大さじ2杯で70kcal。毎食加えていたら、あっという間にカロリー超過です。

「健康法とヤセる食事を混同したままでは、ダイエットは成功しません」(貴堂さん)

私も まんまと
ヤセないスパイラルに
はまってたようです

手抜きダイエット

第2章

中年女子に襲いかかる、誘惑のいろいろ

なぜヤセないのか。

カヨコ、生活を省みる

結局、自宅運動はどれも続かなかった
そして筋肉が衰えているせいか小さな段差につまづき骨折すること4年間で2回
…マジかょ
2回ともくるぶし骨折
骨密度は標準値
3キロ太る
…このままだとただの太った不健康なオバハンの道を…
…まっしぐらやないか
何とかしなくっちゃー
でもつまらない運動は続かないしー

・・・こうなったら
自分にとって楽しいと思える運動を探すしかないかもしれない…
ということでダイエットと今後の健康管理のためまたまたスポーツジムに入会
いろいろ節約して会費を捻出
デイタイムコースだから平日の夕方まで
そして週1回のヒップホップダンスを始める
うにゃー
めちゃおもしろい!
ドス
ドス
↑盆オドリ状態ですが動いてマス!
おかげで4ヶ月で
体重2キロ減
体脂肪2%減
やったー
…が、しかし

7ヶ月後…
…4キロ増えてる
57.6
なぜか体脂肪も元に戻って30%超えていた
やばい…
このままだと60キロ超えはスグそこ…
えー?!
何で?
意味わかんない
運動してなぜ太る?
中年だから?
それとも
もしかして…食べすぎ?
イヤイヤ、そんなに食べてないし
量はぜんぜんふつーデスから
プル
プル

だっていつも
ごはん1膳と おみそ汁 おかずもふつうの 1人前
とくに 甘いもの 食べないし ケーキなども めったに 食べない
お酒は たかだか ビール
250cc ～500cc
ときどき ワイングラス 1杯 たしなむ 程度
好きキライも ないから 偏食でもない
食べてないし
絶対にっ！
それでも… もし考えられると するならば

考えられる原因
その1
モサ
バーガー
スポーツジムの
ななめ向かい
ハッ
あんなところに
バーガーショップが
週に1回
運動した帰りに
ひとりで店に入り
ハンバーガーを
ひとつ食べる
運動してるしいいよね
ミルク＆シロップ入りアイスコーヒー
考えられる原因
その2
スーパーのそうざい売場
ハッ
こんなところに
タコヤキが
購入して
夕ごはん前に
食べる
タコヤキは
ときどき、
から揚げや
ギョーザに
なることもある
まー
油まみれで
おいしそう
ひらめフライ

考えられる原因
その3
ただいまー
ハアー
つかれた
ダンナ
ハアー
つかれた
つかれたーーー
ダンナのストレスが
私のストレスに
なり…
なんか
ハラタツ
わー

じゃあ
気ばらしにビールでもどーっスか?
遅いからちょこっと1杯だけ
ハァーつかれた
テレビでやってたおつまみちびっと作ってみた
ホレホレ
カンパーイ
また次の日も
「深夜のちょこっとだけ飲み会」は週4ペースで4ヶ月間ほど続いている

考えられる原因
その4
職業柄通勤する
必要がないので
自宅からほとんど
出ない
ジムに行かない日
は
あーつかれた
動かない
近所の
スーパーに
行くときも
車で週末に
まとめ買い
と、
いうような
ちょっと
たいだな
生活…
…アレ？
もしかして私
ヤセなくて
当然
…なの？

中年女子のダイエットを阻む4つの落とし穴

ついつい食べすぎて、の
原因はココにもあった！

解説
その3

“お付き合いごはん”の思わぬ罠。

食事やお酒でのストレス発散が欠かせない世代。集まる→食べるという場が楽しみ、という人も多いはず。でも、外食が増えれば、カロリーコントロールも当然、難しくなります。せっかくジムに通っていても、帰り道のジム仲間との飲み会で、動いた以上のカロリーを摂ってしまったり。また、ご近所や友人からのお裾分けも断りづらいもの。仲間同士の“お付き合いごはん”にも、太る罠がいっぱいなのです。

脳が作り出す「空腹感」にだまされてしまう。

スーパーで見かけるたこ焼きに、デパ地下のケーキ。中年女子たちがこうした誘惑に打ち勝てないのは実は、女性ホルモンの変動にも原因があるのです。女性ホルモンが減ると、つられて自律神経の働きがアンバランスになることは「解説その１」で述べましたが、実はこのことは、満腹中枢にも影響があるといいます。

「簡単に言うと、満腹感を感じづらくなる。空腹ではないのに、食べ物を見るとお腹が空いたように感じるんです」（池田さん）

そこに「これくらいなら」「お昼も軽かったし」と自分への“言い訳”が加わると、一気に間食モードに。ホルモンと脳が作り出す、“にせの空腹感”にだまされることで、肥満が加速します。

「運動したから食べて大丈夫」はウソ！

ダイエットのために、定期的に運動。それは何よりですが、ここで気をつけたいのがその後の食べすぎ。よく動いたから、と油断して大量に食べると、思わぬ肥満の罠が待っています。

たとえば体重50kgの人が１時間ウォーキングをした場合の消費カロリーは、約100kcal。ごはん１膳分にもなりません。なのに、900kcal前後はあるトンカツ定食をがっつりと食べたりしたら、せっかくの運動も水の泡です。

もっとも効率がいいのは、軽く食べてから運動をして、トレーニング後の食事も軽めに済ませるパターン。また運動中は、カロリーのあるスポーツ飲料をがぶ飲みするのも避けたいもの。必要な栄養素は食事で摂れているので、水分補給は水で充分です。

家族の食べ方に合わせるうちにいつの間にかデブ体質に。

漫画の中に出てきた、「帰宅した夫につられての夜中のちょこっと飲み会」。うちもある！と納得した人も多いのでは。家族の食事を預かる立場だと、なかなか自分のカロリーコントロールは思うようにできないものです。子どもと一緒についおやつを食べてしまったり、食べ残しを「もったいない」と、ひょいと口に入れる回数が増えたり。

「日々の消費カロリーが多い子育て中はまだいいのですが、子どもが手を離れる中年以降になると、家族に合わせた食べ方はカロリーオーバーに直結。太る人が急増します」（貴堂さん）

男性好みの濃い味付けに合わせて料理するうちに塩分を摂りすぎて、つねにむくみ体質に。そんなケースもありがちです。

手抜きダイエット

第3章

中年女子の正しい食事法をマスターすれば、ヤセられる！

やっと気がついた
太ってる原因
考えられる原因はわかった
モサ バーガー
ハッ
あんなところにバーガーショップが
カンパーイ
要するに根本的にもしかして…
ハッ
こんなところにタコヤキが
あーつかれた
食べすぎ?!
しかもちょっとだけ…
そうか…だって
だって…!

見るからに
食べすぎな量だと
わかりやすいけど
ハラいっぱい食ってますプハー
ちょっとだけ
食べすぎは
・・・
そんなでもないでしょ
ふつうでしょ
太っちょめし
小太りめし
わかりづらい
めっちゃ
わかりづらーい！
ドス
ドス
えー?!
だって私が太っている原因って
ハナからあきらめていた
運動不足&
ねこ背とかO脚
股関節がかたいとか
骨盤のゆがみとか
冷え症だとか
むくみだとかのせい
じゃないのー?
なにせ全部
あてはまる
もんで…
てっきり
一因にはなっていると思うけど…

基本的なところが抜けていたということなの…？
…あれ？
ちょっと待って…
と、いうことは…
食生活を少し見なおせば…
ヤセるってこと…？
少しだけ見なおすくらいねこ背矯正よりカンタンだわ
…なんだ
なーんだ！
それならやってみればいいじゃない
なんで10年も気がつかなかったのだろう

食生活の改善とやらを！
まずジムの帰りにバーガーショップへ行くことはやめる
ハンバーガーは別の日にときたま食べるということにして
モサ バーガー
深夜の飲み会は毎日ではなく週1回くらいにしタコヤキを買う回数も今までの半分にする
とにかく習慣にしなければいいということにしよう
そして今まで考えたこともなかった「ヘルシー料理」というものにも挑戦！
揚げないコロッケとか作ってみたり
鶏もも肉を胸肉にしたり
味を超薄くしてみたり
しかし

ハァーなんだかヘルシー料理ってめんどくさい
コロッケはスーパーで買った方が楽だし、鶏のもも肉も食べたいし
それにダンナの食欲もなくなるみたいだし
つまりこういうことです
1 料理に時間をかけたくない
2 好きなもの食べたい
3 ヘルシー食だとダンナが遠い目をしだす
もっとカンタンで効率がよくてストレスにならない方法はないの？
うんにゃ！
きっとあるはず！

健康的で
リサーチ
リサーチ
なるべく
ダイエット期間が
終了した後も
日常生活に
組み入れやすくて

リバウンドが少なく
確実にヤセる
そういう方法を
マスターすれば
きっと
脱・小太り!
長年苦しめられた
中年太りに
おさらば
できるはず!
よーし
トライして
みるぞー!

手抜きダイエット
解説
その4

中年女子の正しい食事法

カラダが変化しているのに、今まで通り食べていたら、確実に太ります。

食べる量が
多すぎても
少なすぎても
ダメなんですね
そうです

食べる量をほんの少し減らしてみよう。

これまで解説してきたように、もともと、女性の体は太りやすいようにできています。まず基本的に、男性に比べて筋肉量が少ない。ただでさえ少ないこの筋肉は、成長期を過ぎると1年に1%ずつ減っていきます。さらに内臓機能も衰えるためによけいに基礎代謝が下がり、加えて女性ホルモンの変化が食欲増進や冷え＆むくみに拍車をかけて。何もしなければ徐々に太っていく運命にあるのが、アラフォー以降の女性の体なのです。

確かに憂慮すべき事態ですが、原因がわかっているぶん、防ぐ手だてが明確ということでもあります。その手だてとは、（1）取り入れるエネルギーを必要量に抑える、（2）消費エネルギーを上げる、のふたつ。このうち、より簡単なのが（1）の摂取エネルギーを減らす方法です。筋肉は一朝一夕にはつけられませんが、食べる量を減らすことは、次の食事からでも実行できることです。

とはいえ、大量に減らす必要はありません。数字にするとわかりやすいのですが、たとえば体重を1ヶ月で1kg落とそうとする場合、1日に減らすべきカロリー量はたった233kcal。これは軽めのごはん1膳分に相当します。少しずつ代謝が落ちるなら、摂取カロリーも少しずつ減らす。シンプルな考え方が、成功の秘訣です。

基礎代謝＋200kcalが1日のカロリーの目安。

ヤセるなら手っ取り早く。そう望む人も多いことでしょう。食事を抜いて体重を減らす、基礎代謝ぎりぎりかそれ以下のカロリーしか摂らない。そんな若かりし頃のダイエットを再び試みる女性も少なくないようです。

けれど、先に述べた通り、女性ホルモンが減少する30代後半以降は、体にさまざまな変化が起きてくるとき。骨の生成や、コレステロールを抑える働きを担っていたホルモンが減るために、骨がもろくなる骨粗鬆症や、動脈硬化のリスクが徐々に高くなってきます。そこに栄養をしっかり摂らないダイエットが重なっては、体には大きな負担。お肌もかさかさ、美容にも悪影響です。

それに、基礎代謝より低いカロリーしか摂らない状態を続けると、体は低い代謝で過ごせるように、筋肉を減らし始めます。消費カロリーは増えず、筋肉→脂肪交代が進み、知らぬ間にぶよぶよボディになってしまうのです。

また、食事を抜くと、その後の食事時に体がカロリーを一気に吸収しようとするため、必要以上に脂肪の蓄積が進むという現象も起こります。

「熱量は多すぎても少なすぎてもよくない。基礎代謝＋200kcalくらいが理想です。必要なカロリーを、1日の中でバランスよく摂りましょう」(貴堂さん)

今の自分の基礎代謝は？

年齢や体重、筋肉量によって変わってくるのが基礎代謝。厳密な数字を出すのは難しいのですが、体重1kgに対して消費するエネルギー「基礎代謝基準値」を使えば、おおまかに計算できます。右表のうちの該当する基準値×自分の体重で、現在のだいたいの基礎代謝がわかります。

日本人女性の年齢別
平均基礎代謝基準値

18～29歳	22.1
30～49歳	21.7
50歳～	20.7

(2010年 厚生労働省「日本人の食事摂取基準」より)

カヨコがたどり着いた食べ方ルール ❶

夕食の量をこれまでの80％にしてみる

いきなり
ヘルシーなものに
するのも続かなさ
そうなので、
まずは
いつも食べている
夕ごはんを作って
ごはん・味噌汁
おかず全体から
少しずつ減らして
みることにした

たとえば
ごはんは
いつもしっかり
1膳だから
それを
ふんわり
かるく
1膳にする
しっかり1膳
ふんわり1膳
食パンなら
6枚切り
1枚くらい
お味噌汁も
かるく1杯に
しっかり1杯
かるく1杯

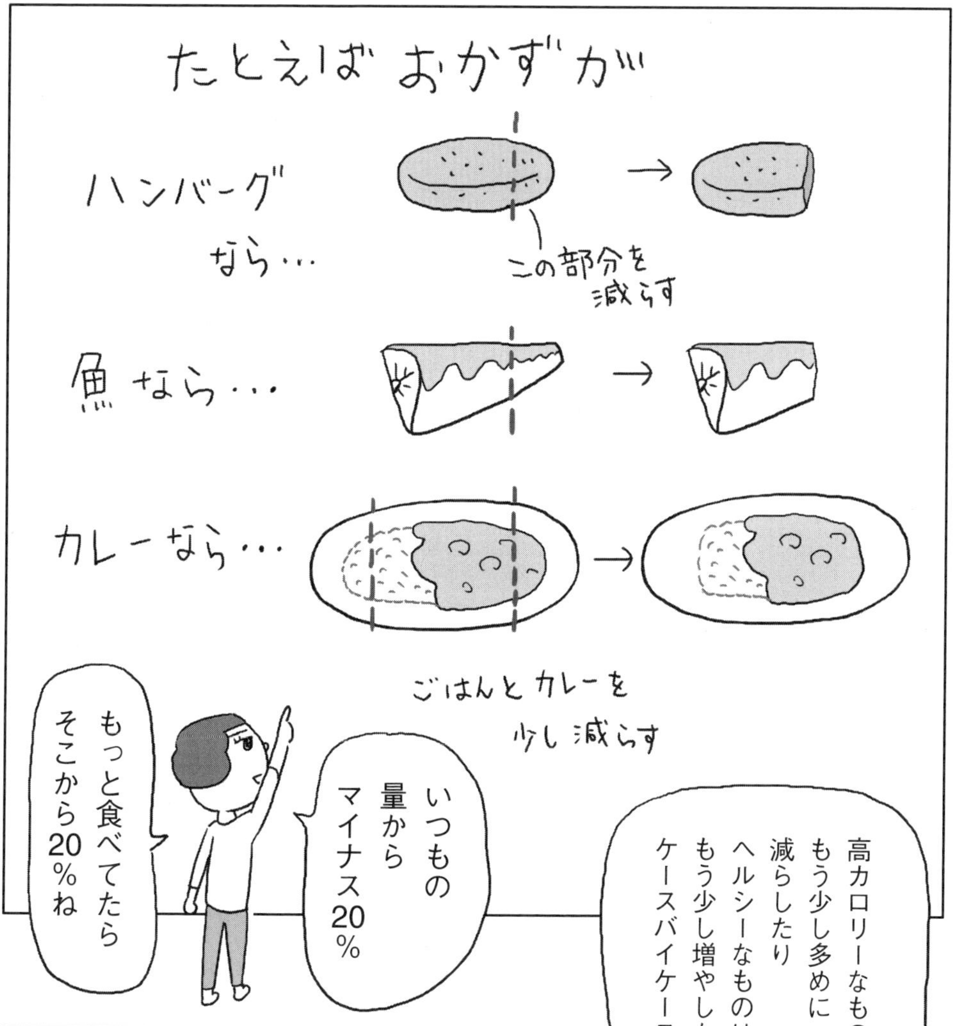
たとえば おかずが
ハンバーグなら…
この部分を減らす
魚なら…
カレーなら…
ごはんとカレーを少し減らす
いつもの量からマイナス20%
もっと食べてたらそこから20%ね

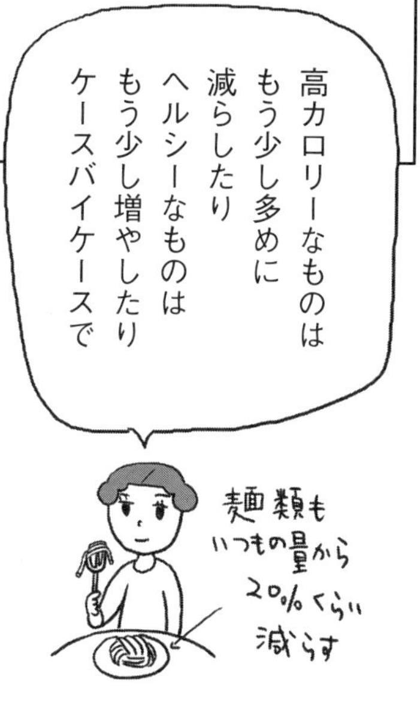
高カロリーなものはもう少し多めに減らしたりヘルシーなものはもう少し増やしたりケースバイケースで
麺類もいつもの量から20%くらい減らす

●カロリーにとらわれない

●朝食と昼食はいつもの量で

●まずは夕食から
20%くらい減らしてみる

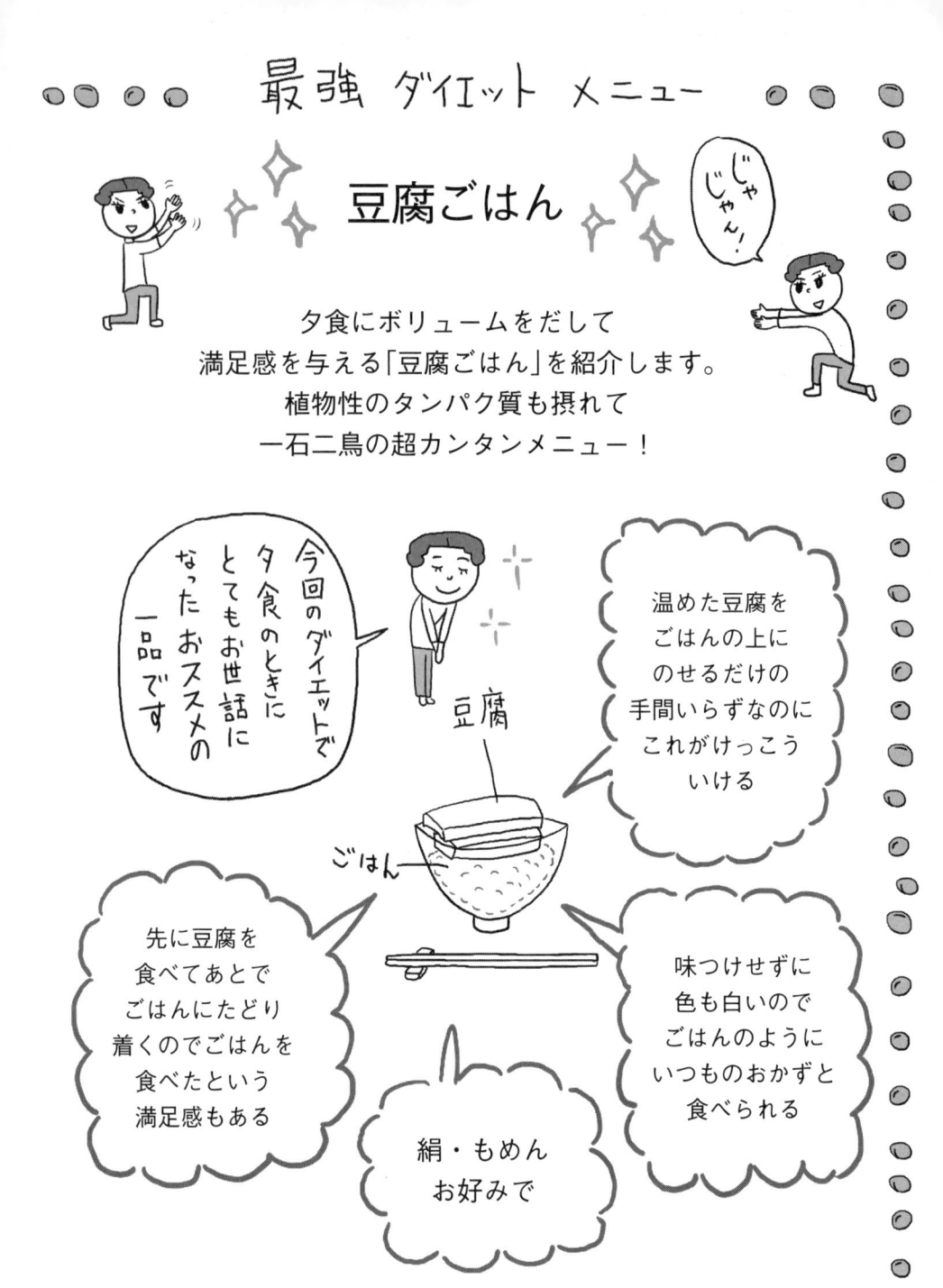

最強 ダイエット メニュー

豆腐ごはん

じゃじゃん!

夕食にボリュームをだして
満足感を与える「豆腐ごはん」を紹介します。
植物性のタンパク質も摂れて
一石二鳥の超カンタンメニュー!

今回のダイエットで夕食のときにとてもお世話になったおススメの一品です
豆腐
ごはん
温めた豆腐をごはんの上にのせるだけの手間いらずなのにこれがけっこういける
先に豆腐を食べてあとでごはんにたどり着くのでごはんを食べたという満足感もある
味つけせずに色も白いのでごはんのようにいつものおかずと食べられる
絹・もめんお好みで

基本の豆腐ごはん

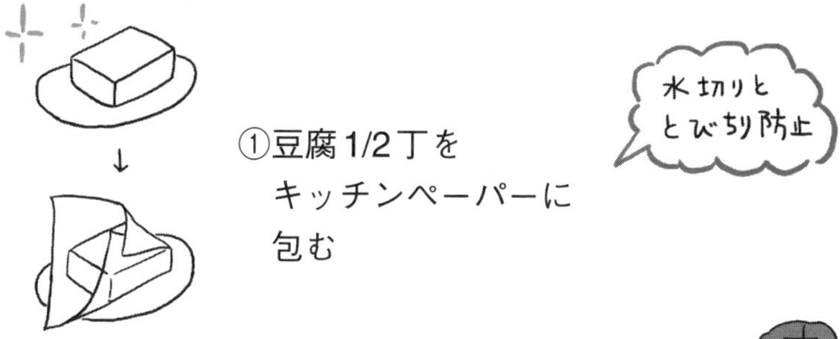

↓
水切りと
とびちり防止

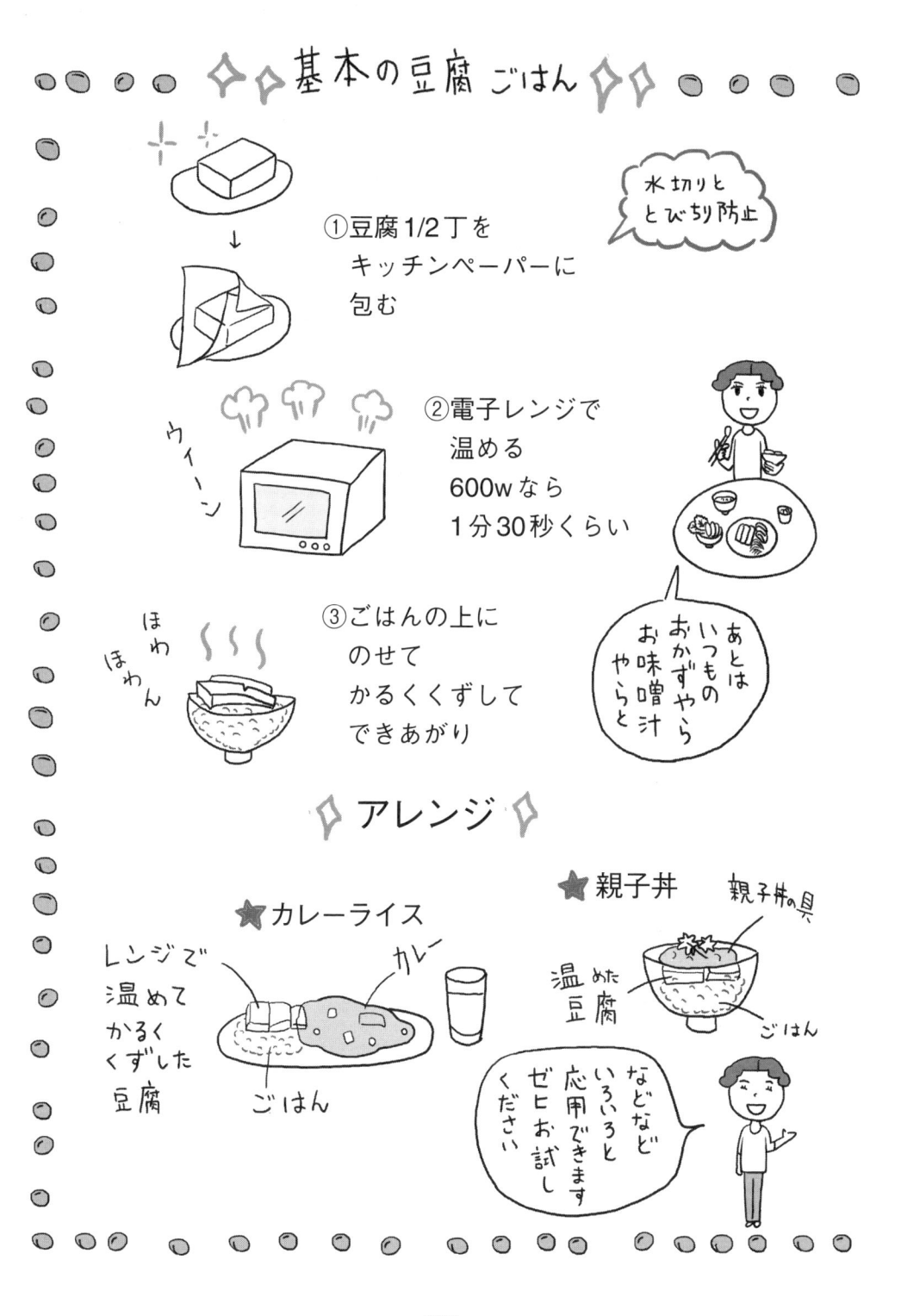

①豆腐1/2丁を
キッチンペーパーに
包む

ウィーン

②電子レンジで
温める
600wなら
1分30秒くらい

あとは
いつもの
おかずやら
お味噌汁
やらと

ほわ
ほわん

③ごはんの上に
のせて
かるくくずして
できあがり

アレンジ

★カレーライス

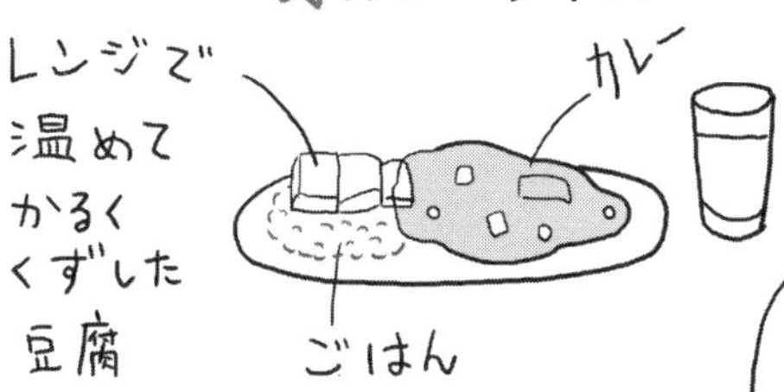

レンジで
温めて
かるく
くずした
豆腐
カレー
ごはん

★親子丼

親子丼の具
温めた
豆腐
ごはん

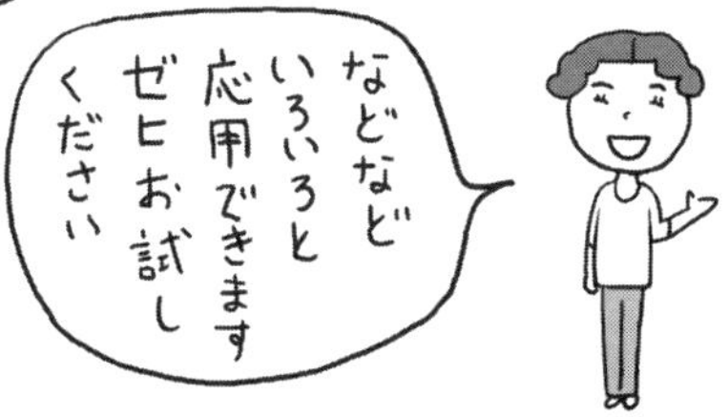

などなど
いろいろと
応用できます
ゼヒお試し
ください

カヨコがたどり着いた食べ方ルール❷

夜7時までには食べ終える

ダイエット19日め
かなりゆるーく
やっているせいか
体重は500グラム減
もう一歩ってかんじ
お酒も飲んでるし
ダイエットノート
ダイエットをするたびに体重、体脂肪などをつけているノート
夕食を早めに食べ終わるという方法もチョイスしてるけど
んー
11時とか12時に食べ終わる日がほとんど
…でもせっかく食生活見なおしダイエットしてるんだし
まーね
もう少し早めに食べ終わるようにガンバッテみますか

ということで翌日早めに夕ごはんを食べ終わることに成功
ごちそーさま
おー7時
おー7時前
おー7時半
ー200グラム
ー300グラム…
3日間夕食を早く食べ終わった翌日の朝
あれ…?
3日間で計800グラム減っている
このときちょっと確信しました
このまま夕食の量を今までの80%にして
なおかつ早く食べ終われば…私はたぶん

ヤセられる！
…よ、よし
じゃあ本当に
ヤセるのかちゃんと
やってみよう
ダイエットノート
まずなるべく
7時頃めざして
夕食を
食べ終える
ごちそうさま
遅くても
8時まで
夕食後は
何も食べない
でも夜遅く
仕事する場合や
お腹が空いてどうしても
がまんできないときは
何か軽く食べる
今晩徹夜だし…
ときには
寝る前に
ラーメン
食べてしまう
こともあるけど
もー、食っちゃえ
食っちゃえ
ズズ

それを習慣にさえしなければ問題ないようで

ホ
ときたまなら大丈夫みたい
そのへんは気にしない

ただ、遅くなったからといって夕食を抜かないこと

夕食を抜くと次の日の食事で急激に血糖値が上がるので逆に太りやすくなるらしい

これは落とし穴かも
へー

どうしても夕食が遅くなってしまったら消化のよいものにして
たくさん食べすぎないようにすればいいのよね！

とにかくあまりストレスにならないように実行してみました

- 夕食を7時頃に食べ終える
- 遅くなったら消化のよいものを食べる
- 夕食を抜かない

カヨコがたどり着いた食べ方ルール ❸

よく噛む＆食べる順番を守る

モグモグ
よく噛むことで
満腹中枢
とやらが働いて
食べすぎ防止
効果がある
のだとか
しかも
脳の活性にも
いいらしいから
一石二鳥
ということで
なるべく
一口一口
よく噛んで
食べる
ように意識
ゴク
あー、また
スグに
飲みこんじゃった
長年の早食いの
クセはなかなか
抜けませぬ
そんなときは
休憩
一度お箸を
おいてみたり
するのもいいかも

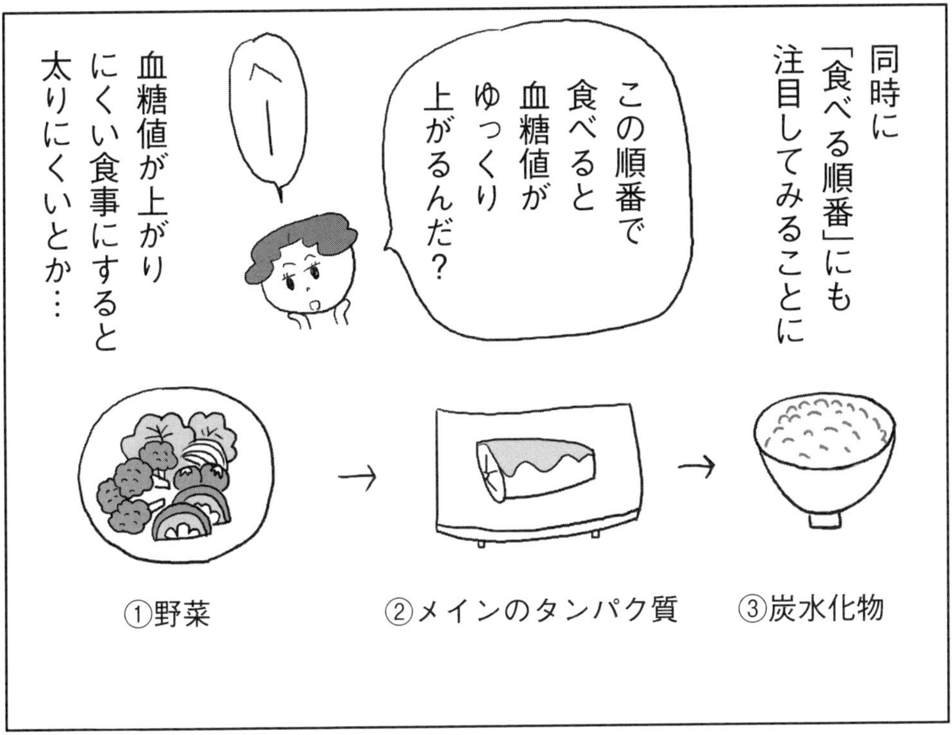
同時に「食べる順番」にも注目してみることに
この順番で食べると血糖値がゆっくり上がるんだ?
へー
血糖値が上がりにくい食事にすると太りにくいとか…
①野菜
②メインのタンパク質
③炭水化物

野菜を先に少し食べてからメイン、炭水化物を交互に食べるようにしてみました
ごちそーさま
ハァー
満足
満足

これで前よりゆっくり食べることができて満腹感があります

●よく噛んでゆっくり食べる

●食べる順番
野菜→メイン→炭水化物

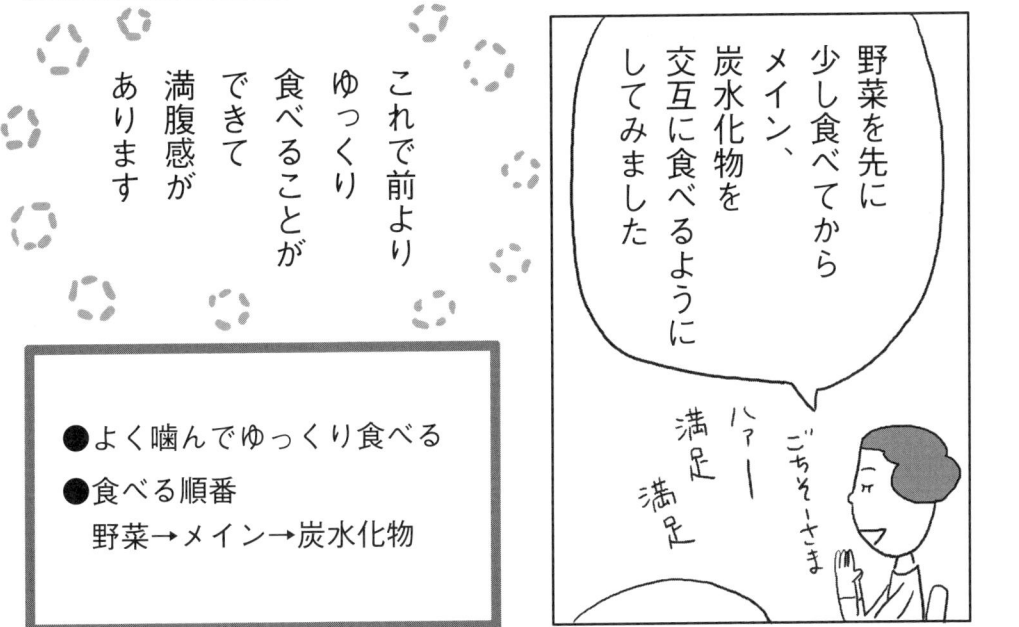

とにかく
カロリー２割減！
大作戦。

毎食の量を少しずつ減らすのが、このダイエットの基本。まずは「全体量２割減」が目安です。

とはいえ、最初はわかりにくいもの。そこでおすすめなのが、山下さんも実践していた、いつもの１人前の量を作ってそこから２割を取り除く方法です。よけた分はすかさず冷凍保存して、ちょっとだけお替わり、の誘惑を断ちます。

少ない量で楽しむには盛りつけを美しくするのもコツ。広げて盛りつけると、満足感も増します。

買い物でもひと工夫。肉などはグラム数の少なめのものを、豆腐のように大小あるものはもっとも小さいパックを選びます。

そして、つい食べすぎてしまう外食でのコツはずばり、「残す勇気」を持つこと。これができれば、どこに行っても怖いものなし！

正しい食事の具体策❶

食べる時間と順番

体に備わったメカニズムを最大限に利用してヤセる！

早めに食べて、
胃を空にして眠る。

人の体は毎日、一定のリズムにのっとって活動しています。注目したいのが、夜10時以降に分泌される「成長ホルモン」。細胞や筋肉を修復する働きがあり、代謝を上げるのに重要な役割を果たします。また、深夜は脂肪合成を促すタンパク質の働きが活発になる時間帯。成長ホルモンに充分に働いてもらい、同時に脂肪の合成を抑えるためには、夕食を早めに食べ、夜10時には消化を終えてリラックス、が理想。朝と昼をしっかり食べ、夕食に量が偏らないようにすることも大事です。

ゆっくり噛んで食べるコツを身につけよう。

もうひとつ、血糖値をゆっくりと上げるために大切なのが、よく噛んで食べることです。

血糖値が上昇すると脳の食欲中枢にそれが伝わり、「満腹」感覚が生まれます。ところが早食いだと、脳に血糖値が上がったことが伝わる前に食べ続けるため、「満腹」指令が出る頃にはすでに食べすぎてしまうのです。

よく噛み、食べすぎを防ぐ第一のコツは、「噛める」食材を選ぶこと。白米より玄米や胚芽米、精製された小麦粉のパンより全粒粉のパンなど、主食は白より黒っぽいもののほうが噛みごたえがあります。そして理想はひと口につき30回。どうしても早く食べてしまうという人は、左手でお箸を持つ、小さなスプーンを使う、などの小ワザを試してみるのも一案。

野菜→メイン→炭水化物。ヤセる食べ方には順番がある。

炭水化物、つまり糖質を摂ると、血中の血糖値が上がり、それを下げるためのホルモン「インスリン」が分泌されます。このインスリンには脂肪を蓄える働きがあり、急激に出るとそれだけ脂肪もたまりやすいという特徴が。ゆえに、血糖値をゆっくりと上げる食べ方が、肥満を避けるためには欠かせないのです。

そこで取り入れたいのが、野菜→タンパク質→炭水化物の順に食べるという方法。食物繊維が多い野菜を最初に食べると、糖質はゆっくり吸収されるからです。

太るから、とごはんやパンを敬遠する人も多いようですが、炭水化物も人が活動していくうえで欠かせない大切な栄養素。工夫しつつ、上手に摂りましょう。

カヨコがたどり着いた食べ方ルール❹

毎食ごと5大栄養素をバランスよく摂る

食事系ダイエットで食事を減らしすぎて栄養不足になっていることがよくあるらしい
うーん そこのところは気をつけたい
だったら生きていくのに必要な5大栄養素をちゃんと摂ればいいのかしら？
それができれば
健康的でキレイにヤセられるような気がする
よし、ざっくりと調べてみよう
タンパク質
糖質
脂質
ホーホー
ビタミン
ミネラル

こうやってみると私の朝食って脂質とタンパク質が足りない
昼食は炭水化物だらけだし
夕食は脂質が多すぎたりして
意外と
バランスワルっ
やっぱり見なおしてみなくちゃ！
そして見なおしてみた結果
緑黄色野菜、果物、乳製品、海藻類をプラスしたり夕食の油料理を減らせばいいかんじになりそう
野菜買ってこよう
●タンパク質・糖質・脂質
ビタミン・ミネラルの
5大栄養素を毎食
バランスよく摂る

カヨコがたどり着いた食べ方ルール❺

残す勇気を持つ! 小分けにして冷凍!

自宅であれば食べる量を先に分けて盛りつければいいのだけど
困るのが外食
食べたいものを頼んで20%くらい残したい
できれば
あの
よかったら少し食べない?
アラ、いただくわ
でも割り勘ね!
友人に食べてもらう
もし友人が
遠慮するワ 私もダイエット中なの
これ以上太ったら大変だもの
こういう場合は
思い切って20%残す
ごちそーさま
ーえーー
もったいない

もったいないメタボを予防すれば今後の医療費の節約にもなるだから残す！
と、思うことにしたとりあえず今ついてるゼイ肉が落ちるまではね
これ、お持ち帰りでお願いします
あ、持って帰るわけね
あと買ってきたお弁当なんかも
牛丼
○○弁当
○○弁当
ごはん・おかずを2割残す
残した おかずは 冷凍して
別の日の昼食などの1品に
牛丼
冷凍用保存容器に入れて冷凍
●外食もお弁当も20%ずつ残す
●冷凍保存を活用する

食べる量を減らす、おすすめアイデア

その1 大皿に盛りつけるのをやめて、分けて盛る

大皿料理って楽なんですが

どのくらい食べたのかわかりにくいので食べすぎてしまいがち

なのでそれぞれ分けて盛りましょう

ホレ

その2 小さいお茶碗にする

お茶碗が小さいと同じ量でも多めに感じたりします

この柄好き
大きめのは夫用に

さらに好きなデザインのものを選ぶと楽しくなります

その3 トレーにのせてみる

アラ、
なんだか上品♡
洋
和
いつも
がーっと
食べていたのが
ガー
速い!
姿勢ワルい!
オホホホ
おちょぼぐち
姿勢も伸びてる
なんだかお上品に食べてみたくなる
ゆっくり食べるきっかけにも!
食生活改善に役立つおすすめアイデア
楽しみながらぜひお試しあれ

カヨコがたどり着いた食べ方ルール❻

魅惑の味・バターも油も20%減らす

油ってホントおいしい
油が入っているだけで味に深みとコクが出る
オリーブ
ゴマ
サラダ
…なんて言っている場合ではないか
ダイエットだし
かといってカラダに必要な5大栄養素のひとつだから除外するのではなくて
そー
そー
必要なのよね
摂りすぎている量を少し減らしてみることに
たとえば料理に使う油
大さじ 1なら → 20% 減らす
バター 大1なら → 20% 減らす
バターは少量でも仕上げに使えば

風味を強く感じるから
なるべく仕上げにあえるようにしょう
フライパンもフッ素樹脂加工に変えると油が少なくてすむ
中華ナベ
↓
フッ素樹脂加工フライパン
そして豚バラ肉は
●しゃぶしゃぶで脂を落として食べるとか
●ときどきもも肉にするとか
●一度ゆでてそのお湯を捨て調理するとか
そしてそれぞれ食べる量を20%カット!

お肉も大好きなので食べますがこのように工夫してみました

●バターも油も20%減

●肉料理も工夫する

カヨコがたどり着いた食べ方ルール ❼

おやつ、アルコールは少しならよしとする

おやつは食間に1日2回食べていいということにして
量はいつもより20%減を目安に
運動量によって調節したりもしますが
私の場合…20%減で
クリームサンドビスケット 2枚
or
おせんべい 1枚
or
ポッキー 3本
×2
だいたいこのくらいです
そしてアルコール
外で飲むときにはだいたい生ビールを中ジョッキで1〜2杯
しょっちゅうではないので
それはおとがめナシということにします
そのかわりおつまみを20%減にして
つまみ 20%減

自宅で
飲むときは
ビール250cc〜
500ccです
これは
2日に1回
くらい？
夕食のときに
大きめのコップで
1杯くらいなら
飲んでいいことに
しました
飲むときは
夕食のおかずを
おつまみにして
ごはんの量は
抑えめにします

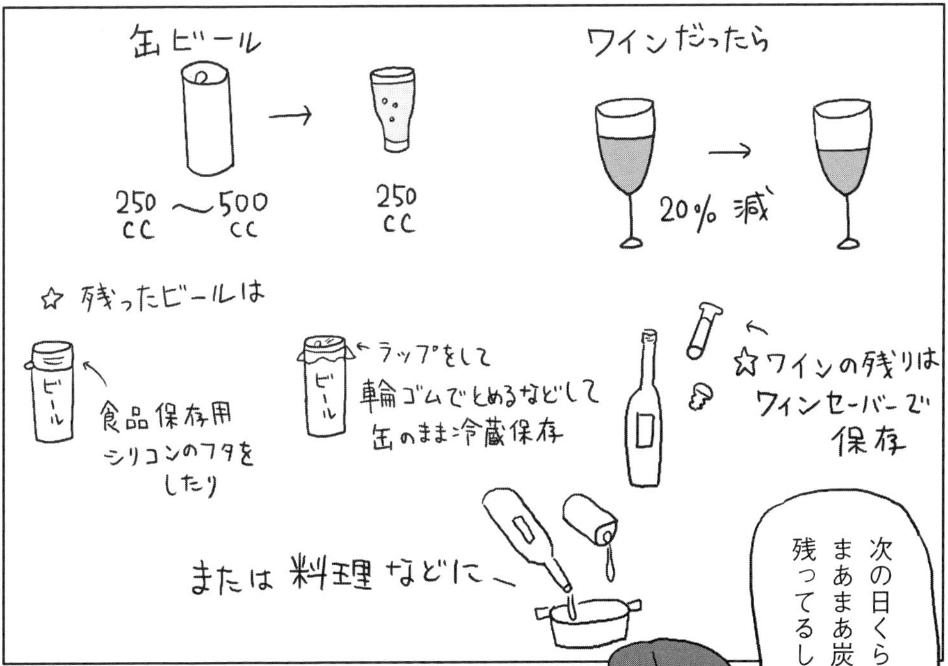
缶ビール
250cc〜500cc
250cc
ワインだったら
20%減
☆残ったビールは
ビール
食品保存用
シリコンのフタを
したり
ビール
←ラップをして
輪ゴムでとめるなどして
缶のまま冷蔵保存
☆ワインの残りは
ワインセーバーで
保存
または料理などに〜

次の日くらいなら
まあまあ炭酸も
残ってるし
残った
ビール

●おやつは食間に
20%減で食べる

●アルコールも少しなら
よしとする

カヨコがたどり着いた食べ方ルール❽

食べたものを記録する

私の夕食は油料理が多いのかもしれない
チャーハン
豚キムチ炒め
しょうが焼き
鶏照り焼き
…ほとんどフライパン料理
とくに最近調子にのってよく作るのがこれ
得意料理のマーボードーフ
本格的なマーボードーフよ おいしいワヨ
どーよどーよ
どーなのよー
1週間に何回くらいこってり料理を食べてるのか？
健康的にも大丈夫かしら？
コレステロール基準値オーバーしてます
ということもちょっと気になっていたりして

今回は食生活中心のダイエットだし毎日何を食べたのか
夕食だけざっくりと
豚キムチ
味噌汁
記録してみることにした
食べたものを記録すると思うと
マーボーはやめて湯豆腐にしようかしら
酢のものとかサラダも足して
さすがに控えるというか
オッ
なんだか栄養バランスもいいんじゃなーい
かいちゃえかいちゃえ
少しだけヘルシーな食卓をめざしたみたいデス
しめしめ

●夕食に食べたものをざっくりとつけてみる

カヨコがたどり着いた食べ方ルール 9

体重減は1ヶ月2キロ以内に

1ヶ月に
落としていいのは
体重の5%まで
らしい
それ以上だと
脳が飢餓状態と
勘ちがいして
エネルギーを
節約しだす
スナワチ
ヤセにくくなる
ムダに努力は
したくない
じゃあ1ヶ月に
2キロ以内という
設定はどうかしら?
ゆっくり
ヤセれば
リバウンドも
少ないし
気も楽
焦らず急がず
確実にヤセれば
いいのよね

ということで
もし2キロ以上
落ちてしまった
ときは
食事量を増やす！
これをルールに
しよう

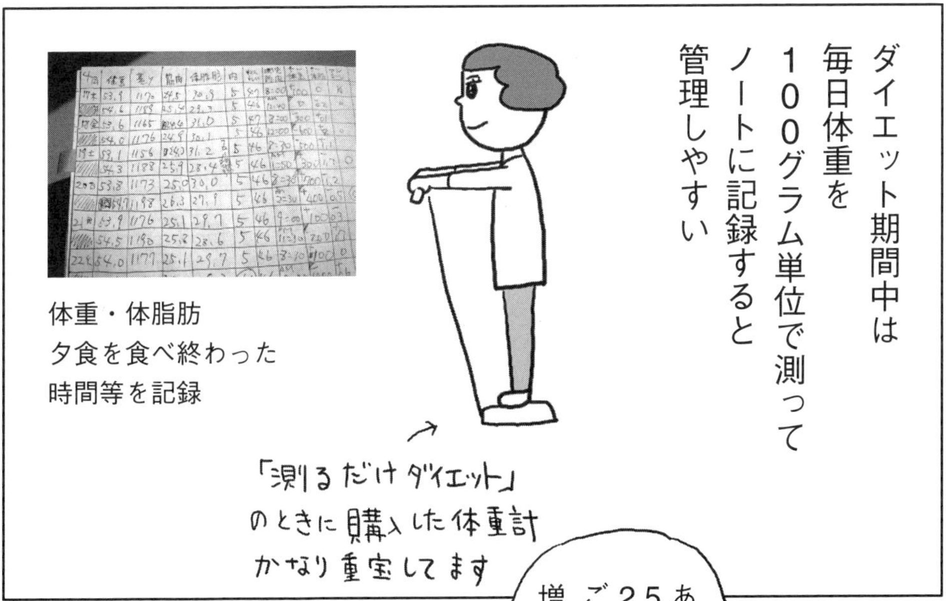
ダイエット期間中は
毎日体重を
100グラム単位で測って
ノートに記録すると
管理しやすい
体重・体脂肪
夕食を食べ終わった
時間等を記録
「測るだけダイエット」
のときに購入した体重計
かなり重宝してます

●体重減は1ヶ月2キロまで

●2キロ以上減るようなら
食事量を増やして調節する

あ、1ヶ月間で
2.5キロ減っている
ごはんを
増やそう

正しい食事の具体策②

食材の選び方

野菜、塩、油。選び方ひとつで
ダイエット効果に大きな差が。

解説
その6

ヘルシー食
＝ヤセる食事
ではありません。

健康的だから、という理由で、ダイエットに最適とみなされている豆腐や納豆。いくら食べてもカロリーは大丈夫、というイメージがありますが実は、たとえば納豆なら50gで約100kcalと、熱量はしっかりあるのです。

「山下さんの“豆腐ごはん”は豆腐をごはんに置き換えたことで功を奏しましたが、もめん豆腐なら1丁216kcal。やみくもに食べては、かえってカロリーオーバーを招くことがあります」（貴堂さん）

野菜はたっぷり、
でも何でもOK
というわけじゃない。

ダイエットには野菜、これはいつの世も常識。

「とくに日本人は、50代までは野菜不足の傾向がある。1日に生野菜なら両手で3杯分、合計350gを摂ってほしいです」（貴堂さん）

何はともあれ野菜。でも、実はここで気をつけるべきことが。

まず、ドレッシングやマヨネーズなど油分の多いものだけで調味していると、あっという間にカロリー過多になってしまいます。

それに、芋、トウモロコシなど炭水化物に分類されるものや、アボカドのように脂質が豊富なものはそれ自体が高カロリーです。また、野菜をお腹がはち切れるほど食べて、かえって胃拡張に…という本末転倒なケースも。毎食両手のひらに1杯分、が理想です。

やっぱり油も必要ですもんね!
賢く摂ってくださいね
アブラーです

量と性質に気をつけて、油は賢く摂るべし。

太るから、とダイエッターには敵視されがちな油。でも、極端に足りないと便秘を招いて代謝ダウン、肌もかさかさに。女性に最低限必要とされる量、1日45gは摂りたいものです。

ここで注意したいのが、“ヘルシーな”油。植物油や魚の不飽和脂肪酸は体にいいとされますが、食べすぎたら太るのは他の油と同じこと。オリーブオイルは大さじ1杯で120kcal、大きめのサンマ1尾には約35gの脂が含まれます。また、肉類に多い飽和脂肪酸も、ある程度は体に必要なものです。さまざまな性質の油を必要量内で効率よく摂るようにしましょう。肉、魚、大豆、卵、とタンパク質を順繰りに食べることで、自然とバランスが取れてきます。

頑張っているのにヤセない…の正体は塩分摂りすぎ。

食べる量も時間も守って、運動もしているのにヤセない。そんなときは、何気なく摂っている塩分を見なおす必要があります。

人間の体液の塩分は一定に保たれています。塩分をたくさん摂ると、体は濃度を適正にするために水分を蓄えようとする。これが、むくみの原因です。

女性の場合、1日に摂っていい塩分は7.5gまで。これは、よほど気をつけていないとすぐに超えてしまう量です。薄味の食事を楽しむには、酸味やスパイスで味わいを広げたり、だしの旨味成分を利用するのがポイント。きちんと温めて食べるのも、少ない塩分で風味を楽しむためのコツです。塩分の高い麺料理のスープなどは、全部飲みきらないことを鉄則に。

アルコールはやっぱりほどほどがベター。

正しい食事具体策、ラストのテーマは「お酒」。ストレス解消にもなるお酒、適量は1日1合とよく言われます。が、これは男性の場合。アルコール代謝が低い女性はこの半分、0.5合が基準です。

アルコールは一般の糖質とは違い、熱に変わりやすいという性質がありますが、カロリーがあることに変わりはありません。飲みすぎて肝臓に負担がかかると、基礎代謝も落ちてしまいます。とくに、体の機能が低下する40代以降は、酔いを感じづらくなることがあり、それによって酒量が増えることもあるので、注意したいもの。おつまみには、肝臓の働きを助け、同時にカロリーも低い赤身の肉や刺身、枝豆などを。適量を守れば、血行促進などに役立ちます。

カロリーと栄養素は3日間でつじつまを合わせる。

これまで見てきた中年女子のための食べ方を総括すると、つまり大切なのは「バランスを取りつつ、腹八分目に」ということ。実にシンプルなルールです。

でも、それを毎日3食完璧に実行するのは難しいもの。メインのタンパク質が偏ることもあるし、飲み会だってあるでしょう。そこで知っておきたいのが、ルールからちょっと逸れたときの修正法。コツは、3日のうちに微調整することです。たとえば、食べすぎてしまったら翌日は全体を3割減にする、メインに鶏肉が続いたらしばらくは魚を中心に、など。

「食べすぎても、すぐに脂肪が増えることはありません。カロリーも栄養素も、3日のうちにつじつまを合わせましょう」(貴堂さん)

中年女子の賢い食べ方 8ヶ条！

❶“いつもの量から2割減”が鉄則。

自宅での食事も外食も、とにかく総量の20％分をカット。面倒なカロリー計算はこのさい抜きにして、とりあえず全体の2割を減らせればOKです。

❷消費エネルギー率が高い、朝に多めに食べる。

代謝が上がり始める朝はエネルギー消費の効率がよく、脂肪がつきづらい時間帯です。しっかり食べるなら、朝ごはんを。摂取カロリーが夜にかたよるのも抑えられます。

❸夕食は19時、遅くても20時までに食べ終わる。

体は22時から休息モードに入り、エネルギーの消費率も一気にダウン。この時間までに消化を終わらせるために、夕食はその2～3時間前までに済ませるのが得策です。

❹食事は両手に1杯分の野菜からスタート。

血糖値をゆるやかに上げるために、食事前半は野菜を中心に。まずは両手1杯分、これで野菜不足も解消です。火が通った野菜なら三寸皿に1杯分くらいが目安。

❺食べすぎたら3日間のうちに微調整。

3日のうちなら超過カロリーも脂肪にならず、待ってくれます。つい量が増えてしまった、というときはすかさず調整を。いつもより多めに歩く、などの工夫も有効。

❻酢・スパイス・だしを利用し、薄味ライフを。

濃い味付けに慣れてしまうと、薄味に戻すのは難しいもの。塩分は意識して減らしましょう。ポイントは酸味と辛味、風味を加えること。舌が慣れるまで根気よく。

❼主食は白より黒いもの。

ゆっくり噛んで満足感を得るために必要なのは、食物繊維。まずは主食を変えてみましょう。精製されて食べやすいものより、玄米など黒っぽいものを選んで。

❽おおざっぱでいいので食べたものを記録する。

食事内容と体重を記録しておくと、食べ方と太り方の関連性が見えてきます。なし崩しでの食べ過ぎを防ぎ、モチベーションアップにも。簡単な内容でいいのでぜひ。

手抜きダイエット

第4章

運動ギライの三日坊主が動き出した！

楽してヤセる運動を探せ！

ダイエットをスタートして1ヶ月
食生活の改善で予定通りに毎日じんわり体重が落ちてきた
これって…このままいけばホントウにヤセるんじゃない？
…しかし体脂肪が30%前後からまったく動かない
んーー
やっぱり体脂肪って
運動しないと落ちないのでしょうか？
ウヌヌヌ…
…ためしにもっと運動増やしてみようかな

ということでためしに
ウォーキング
エアロビ
ヨガなど
思いつくままに半月ばかしやってはみたが…
…
まったく体脂肪動かず
…あ
もしかして
今回のダイエットを始める前のあの怠惰な生活で…
筋肉が落ちていたとか…?!
ダラダラ

筋肉が衰えてせっかく運動しても効率的に脂肪を燃やせないってあるのかも？
そーだとしたらなんてもったいない
前からやっているダンスも増やしてみた運動も全部有酸素運動で
有酸素
ウォーキング
エアロビ
ヨガ
ダンス
無酸素運動とはちがってとくに筋肉をつける運動ではない
無酸素
腹筋
スクワット
ダンベル

もしかして少しだけでも筋肉を増やしたり刺激すれば
体脂肪に変化あるのかなぁ…
ということは…
筋トレっ?!
とはいえ
きつい運動はどうせ続かないし
筋トレ苦手
できるだけ少ない運動量で効率のよい方法を探して
試してみるかなー
リサーチ中

解説
その7

30代後半からの運動法をマスターしよう

食べ方ルール＋正しい運動で、太らないカラダを手に入れる！

食べ方をきちんとコントロールすることで、体は次第に締まってきます。その成果をより確かなものにするのが、トレーニングによる基礎代謝アップ。すでにおわかりの通り、中年世代は代謝低下の世代です。摂取エネルギーを抑えても、消費する力が弱いままだと、脂肪はすぐにたまり始めます。この魔のリバウンドを防ぐのがトレーニングなのです。

でも、やみくもにハードな運動を重ねる必要はありません。
「30代後半以降の女性にとって大切なのは、健康でいられる体を作ること。体は、きちんと機能していれば本来は太らないものなんです。体脂肪も、減らすほどいいというものでもない。20％台後半くらいがベストです」（池田さん）

「効いているか微妙」、その程度でいいので必ず筋トレを。

基礎代謝が活発に行われる場所ベスト3は、筋肉と肝臓、消化器。このうち自分で代謝力を高めることができるのは、筋肉だけ。しかも筋肉は、代謝全体の7割を担う重要な器官です。これを強化せずにおく手はありません。

脂肪を燃やすには有酸素運動が有効と知られているため、ランニングやウォーキングに励む女性も多いよう。ですが、代謝そのものを上げるには、筋肉トレーニングが有効です。しかも、有酸素運動の前に行えば脂肪燃焼の効率もアップ。かつては有酸素運動→筋トレが王道でしたが、今は筋トレ後にランやウォークなどの有酸素運動、がセオリーです。トレーニングはごく軽いものから始めて、徐々に強度を上げていきましょう。

きつい週1回より、ゆるめの週2回。急に激しい運動をするのは逆効果！

ちょっときついけど、“頑張った”感があるほうが効いてそう。ダイエットに励む人に多い、そんな声。でも、トレーニングの成果は疲労度に比例するとは限りません。筋肉が回復しないと日常の動作に支障が出て、代謝が落ちてしまいます。少し前まで筋肉疲労は24時間で回復するとされていましたが、最近はもっとかかることがわかっています。

「なので、週1回きつい運動をするより、弱めでも2回に分けたほうが効果的です」（池田さん）

運動をし慣れていない中年女性の場合、急に激しい運動を行うと関節や靱帯に故障が生じることも。まずは負担の少ない筋トレなどから始めて、有酸素運動をプラスして、と徐々に段階を踏みましょう。

老後のためにも
筋肉あったらいいわね

やっぱり筋肉って大切なんですね
もちろん

継続すればするだけ、筋肉が落ちづらいカラダに。

代謝アップに効果絶大な筋トレ。最初は成果を感じづらいかもしれませんが、そこで焦ってはいけません。筋肉は3ヶ月単位で生まれ変わるもの。数ヶ月後の変化を信じて、地道に続けることが成功のカギです。

そして、シェイプアップした後も、続けることが肝要。長い時間をかけてつけてきた筋肉ほど、落ちるのもゆるやかなのです。継続するほど筋肉が落ちづらい体になり、代謝もそれだけキープできることを、知っておきましょう。

ストレッチも欠かさず取り入れよう。

筋肉を効率よく増やすためには、しっかりと休ませることも必要。そこで大事になってくるのがストレッチです。刺激を加えて収縮した筋肉を伸ばし、リラックスさせるのがその役割。運動前後のウォーミングアップ＆クールダウンに取り入れましょう。

「筋肉が柔軟に動くと、関節の可動域が増えて、日常生活での代謝もアップします。筋トレをする時間がないときも、寝る前に軽くストレッチをしておくことをおすすめします」(池田さん)

まずは“大きな筋肉”をしっかり鍛える。

筋トレはトレーニングの要。代謝アップを実現するには、お尻や脚などにある、大きな筋肉から鍛えるのが早道です。スクワットや背筋運動、もも上げ運動でしっかり刺激しましょう。

　こうした“アウターマッスル”と呼ばれる筋肉群に加えてさらに大切なのが、腹筋と、脚のつけ根を通る大腰筋などの“インナーマッスル”。代謝だけでなく、姿勢の良し悪しにも関わる筋肉です。

「中でも大腰筋は重要。足の上げ下げに使われる筋肉ですが、日中は座り仕事、階段は使わずエレベーターで、という生活で、弱くなっている人が多い」(池田さん)

　まずは、これらの大きな筋肉を鍛えることからスタート。血行促進、むくみ解消にも役立ちます。

あきてしまったら運動のジャンルを変えるのも手。

最初は張り切っていても、徐々にペースが落ちてくる。これは誰にでもあること。とくに、体重や体脂肪がある程度落ちて、いったん停滞したときにモチベーションも下がりやすいものです。こういう場合は、たとえばランの代わりに泳いだり、球技をしたりと違う運動を取り入れて、気分転換をはかるのも一案。

「食事制限をしっかりしているなら、体から“ちょっとストップ”のサインかも。そういうときは好きなものを食べ、リラックスして過ごすことも大事です」(池田さん)

“ながら”や食後の軽い運動。筋トレ以外の日常の運動量を増やせ!

代謝を上げるチャンスは、トレーニングウェアを着ている間だけではありません。たとえば床の拭き掃除、つり革につかまってのつま先立ち…。いわゆる「ながら運動」です。習慣にすれば立派なエクササイズに。

「どの筋肉に負荷がかかっているかをいつも意識しながら行うのがポイントです」(池田さん)

中でもちょっとした運動が有効なのが、食事の後。

「消化のために代謝が上がっているとき。ここで軽い運動を取り入れると、さらにカロリーを消費しやすくなります」(貴堂さん)

ごはんの後は、すかさずつま先立ちでお皿洗い。そんなエクササイズが有効かもしれません。

効果のあった おすすめ運動法♪

ダイエットを始めて1ヶ月 体重は順調に落ちてきたけど 体脂肪が落ちない
んー どうしたものか・・・
そこで いつもやっている 週1回のダンスに 筋トレを プラスして みることに しました
1時間半のうち半分は ストレッチと振付けなので 正味の有酸素運動は 40分くらい
手っ取り早く 筋肉を つけるには 大きい筋肉を 鍛えると いいらしいので
まず 背中
広背筋
そして 胸
大胸筋

あまり使わないので中年になると衰えやすいという
太もも内側
内転筋
太もも裏側
太腿二頭筋
私は太もも前や側面に筋肉がつきやすいのでそこは省くことにしました
とにかくムダな運動はしたくなかったので
この4つの筋トレを10回か15回できつくなるような負荷をかけて2セットずついつものダンスの前に行います
ふー
腹筋はある程度お腹のゼイ肉を落とした後にやろうかな
ゼイ肉あると腹筋運動って難しいので
ハァー終わった次はいつものダンス、ダンス
運動の順番は
スタジオ
ヒップホップダンス

筋トレをしてから
有酸素運動
脂肪を燃やすにはこの順番がよいそうです
たしかにダンスの前に筋トレを入れると汗をかく量がいつもより多い！
脂肪も燃えるのかしら？
あいかわらずの盆踊りぶり
この筋トレと有酸素運動のセットを
たとえば月曜と木曜とか曜日をあけて週に2回行う
筋肉は運動をお休みしている間につくられるらしいので
その間にお仕事なんぞ

週2回のジムに行けないときは自宅でスクワットなどの筋トレをして
タオル
水の入ったペットボトル
クッション
てきとーに筋トレ
その後に有酸素運動をする
となり町のスーパーに歩いて行ったり
○○スーパー
速足！大股！
スタスタ
1度除隊した○○を30分くらいやってみたり
とにかく週2回の筋トレ＋有酸素運動を実行
そしてふだんもなるべく動く！ようにしてみた
こんな感じで2ヶ月間が終了
ホイサ
ホイサ
うんうん
私にしてはガンバッタ
体脂肪は4％近く減！
体重もこの時点で
5.9キロ減！

手抜きダイエット 解説 その8

もっと知りたい

効率的なエクササイズ！

効果が出れば出るほど、運動も楽しくなるもの。トレーニングに目覚めたカヨコさんのギモンに、池田さんが答えます。

Q1

中年女子が皮下脂肪を落としたい場合、どれくらいの強度の運動が最適？

脂肪を燃やすためには、60～65％くらいの強度の有酸素運動が理想とされています。心拍数になおすと、220から年齢と平常値の心拍数を引いて0.6倍して、そこに平常値の心拍数を足したもの。計算するとややこしいですが、40代以降の女性なら、大まかに言って毎分120拍くらい。誰かと会話しながらできるくらいの運動強度が目安です。適度な強度を保ちながら、できれば30分以上続けることが、有酸素運動で脂肪を落とすコツです。

Q2

骨盤のゆがみ・悪い姿勢は、ヤセにくい・太りやすい体質に関係する？

大いに関係します！　たとえば骨盤が後傾するとねこ背になって、背中の筋肉が張り、胃腸の働きも悪くなって代謝も落ちてしまいます。反対に前に傾いていると今度は歩幅が小さくなり、ももの筋肉が弱まって、これもむくみや代謝ダウンの原因に。骨盤が正しい位置にあると、内臓が引き上げられるので働きが活発になります。軸がぶれないので体の動きもよくなる。疲れず、代謝もぐんと上がります。骨盤を支える大腰筋は、しっかり鍛えましょう。

Q3

お腹が最後まで落ちない！部分ヤセって可能でしょうか？

うーん。トレーニング界では実は部分ヤセという概念は、ないんです。ただ、お腹が凹まないのは、やはり腹筋が足りていないせいかも。腹筋がつくと体幹部がしっかりするので姿勢がよくなり、内臓が引き上げられてお腹も引き締まります。あとは、胸や腕などの筋肉をしっかり鍛えると、バランスがよくなってお腹が気にならなくなる、ということも。とくに運動が有酸素系のみだと、どうしても上半身の筋肉はつきづらい。そういうときは腕や胸の筋トレを取り入れてみると、全身のバランスが整ってきますよ。

とにかく
効率的に効く
運動がいいです

Q4

1ヶ月で2kg以上ヤセたいときはどうしたらいいですか？

元の体重がよほど多くない限り、基本的には1ヶ月に2kg以上落とすことはおすすめできません。一気に減らすとそれだけリバウンドもしやすくなりますし、年齢を重ねてからの急激なダイエットは体へのインパクトも大きい。骨粗鬆症のリスクが高まります。たとえヤセても快適な生活が送れなくなってしまっては、意味がありません。中年女子世代は、数値よりも生活の質を大切に。

1ヶ月に2kg以上減らさなければならない場合は、管理栄養士や医師の指導を受けながら進めることが必要です。

Q5

運動するのは朝がいい？ それとも夜？ 最適な時間帯を教えて。

習慣にできる時間帯であればいつでもかまいませんが、自律神経との関係を考えると、遅い時間は避けたほうがいいかも。眠る前に運動して、活動モードを司る交感神経が優位になったままだと、睡眠や体力回復の支障になります。血圧が安定しないなどの不調を抱えている人は、朝の運動も注意しましょう。できれば昼から夕方にかけての体が活動的になっている時間帯で、食後すぐを避けて行うのが理想的です。

Q6

内臓脂肪と皮下脂肪ってどう違うのでしょう。内臓脂肪はとことん減らしたほうがいい？

文字通り皮膚のすぐ下につくのが皮下脂肪で、女性らしい丸みもこの脂肪が生んでいます。それに対し、内臓のまわりにつくのが内臓脂肪。こちらはメタボリックシンドロームなどの原因になるもので、皮下脂肪よりも厄介者扱いされています。が、内臓を守る働きもあり、ある程度は必要なもの。運動するとまず最初に落ちるのもこの脂肪なので、健康診断で高コレステロールなどと診断されない限り、神経質になって落とす必要はないでしょう。

内臓脂肪も
ある程度は
必要なんですね

中年女子のヤセる！
エクササイズ7ヶ条

❶ できれば週2回、でも1回でもOK。

中年女子の運動のポイントは、「強度は弱く、でもこまめに」。無理のないエクササイズを最低でも週に2回、が理想。でも時間がない、きついというなら1回でもOK。

❷ 有酸素運動の前に筋トレをする。

筋トレによって代謝が高まると、筋肉での脂肪燃焼率もよくなる、というのが最近の常識。軽くでいいので、大きな筋肉を鍛えるエクササイズを有酸素運動の前に。

❸ 最初はゆるく、徐々に強度を上げる。

いきなり強度が高い運動を始めても、靭帯や関節を傷めるだけ。最初は「本当に効いているの？」と思える程度から始めて、徐々にステップアップ、が賢いやり方です。

❹ まずは腹筋と下半身に筋肉をつける。

手っ取り早くやせるなら、大きな筋肉が集まっている下半身と、見た目改善に直結する腹筋群を重点的に鍛えて。そこに上半身のチューンナップが加われば完璧です。

❺ 正しい姿勢で代謝をアップ。

姿勢の悪さは見た目にだらしないだけでなく、代謝を下げる一因にも。お腹に力を入れて引き上げ、胸を開いて背筋を伸ばして。体の芯からブラッシュアップしましょう。

❻ とにかくマメに。体をちょこちょこ動かそう。

30分のウォーキングでも消費できるのは100kcal程度。ならば、チリツモ方式で日頃から運動量を増やすに越したことはありません。階段は避けずに上りましょう！

❼ 運動ができない日も、ストレッチは必ず。

関節の可働域が広がるだけで、代謝はアップ。このおいしいポイントを見逃す手はありません。トレーニングができない日もストレッチは念入りに。ケガ予防にも◎。

1日15分の、ムダなし エクササイズ

どうせやるなら、最小限の運動で、効率よくヤセたいもの。
そんなわがままな中年女子が続けられて、ちゃんとやれば効果が期待できるエクササイズを池田さんが考えてくれました。

① またぎBOX

効くパーツ ▶ 大腰筋

❶ティッシュペーパーの箱を立てて置き、それを横にまたぐ運動を左右に繰り返す。❷背筋をまっすぐ伸ばし、またぐ方の膝が90度になるように、ももをしっかり持ち上げる。上げすぎると腹筋に効かないので注意を。❸左足、右足、とまたぎ越したら、右足、左足、と戻る。このサイドステップを10往復。リズミカルに、できる限り速く行う。

② スクワット

効くパーツ ▶ もも&お尻

❶足を肩幅よりやや広めに開いて立ち、両手を前に伸ばす。膝は軽く曲げる。
❷椅子に座るように、お尻を突き出しながら腰を落としていく。膝がつま先より前に出ないように注意を。下ろせるところまで行ったら、胸を張ったまま1に戻る。これを10回繰り返す。

③ レッグエクステンション

効くパーツ ▶ もも

両膝が90度になるように椅子に腰掛け、両足を床につける。片足を、膝がまっすぐになるまでゆっくり持ち上げて、20～30秒キープし、ゆっくり下ろす。つま先は上向きに、呼吸は止めないこと。片足3回ずつ繰り返す。※ケガを防ぐために大切な部位なので、しっかり鍛える。

④ 壁押し

効くパーツ ▶ 大胸筋

女性が苦手な腕立て伏せは、壁に手をつくと簡単。❶両手を壁につき、壁からやや離れて立つ。❷肩甲骨を寄せながら、ゆっくり肘を曲げ、胸を壁に近づけていく。胸が開き、筋肉が伸びるのを感じる。腹筋に力を入れて、背筋はまっすぐに保ったまま、元の位置に戻る。キツく感じるときは、壁にやや近づいて立ったり、両足を床につけた状態で行うとよい。10回。

⑤ キャット

効くパーツ▶骨盤と肩甲骨

❶床に両手と両膝をついてよつんばいになる。手は肩幅、膝は腰幅に。❷おへそをのぞき込みながら、背中を持ち上げるようにしてゆっくりと丸めていく。
❸次に、息を吸いながら背中を反らし、お腹を床に近づけていく。できれば顔は天井へ。これを5回前後繰り返す。

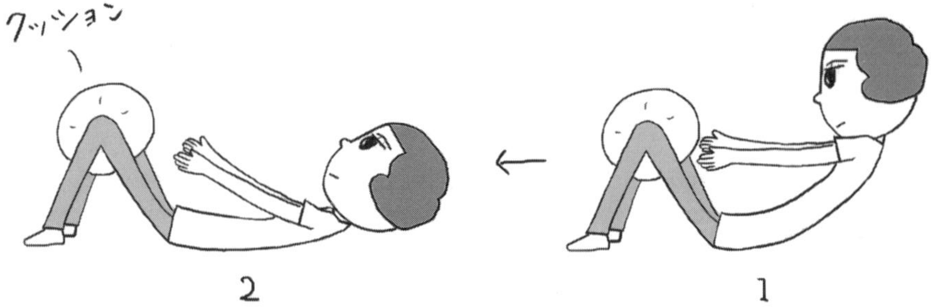

⑥ クッション腹筋

効くパーツ ▶ 腸腰筋ともも

❶両膝を立てて座り、膝でクッションをはさむ。両手は前に伸ばす。❷そこから上体を後ろにゆっくりと倒していく。肩がギリギリ床につかないところまで倒し、ゆっくりと起き上がる。8回繰り返し。

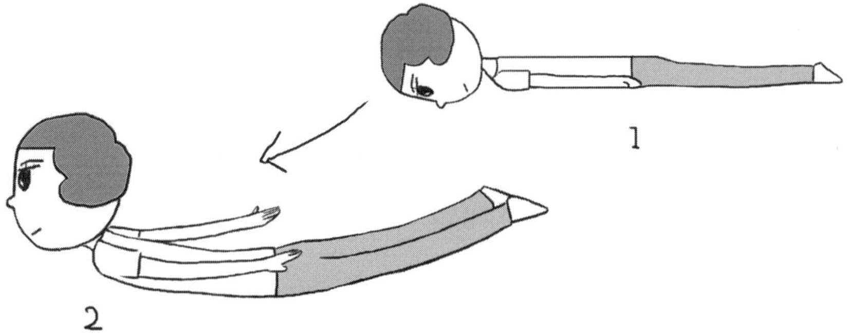

⑦ 背筋

効くパーツ ▶ 背筋

❶床にうつぶせになり、両手足を楽に開く。❷肩甲骨を寄せながら、両手足を持ち上げる。つま先はまっすぐに。ゆっくり4つ数えながら上がり、5秒キープし、4つ数えながら戻る。5回繰り返す。

⑧ ストレッチで仕上げ

筋肉は鍛えたらゆるめる、これが代謝アップのカギ。

ももの前を伸ばす

床にうつぶせに寝て、片方のつま先を同じ側の手で持ち、膝を曲げて、かかとをお尻に近づける。腰から引っ張られないように注意を。反対の足も同様に行う。

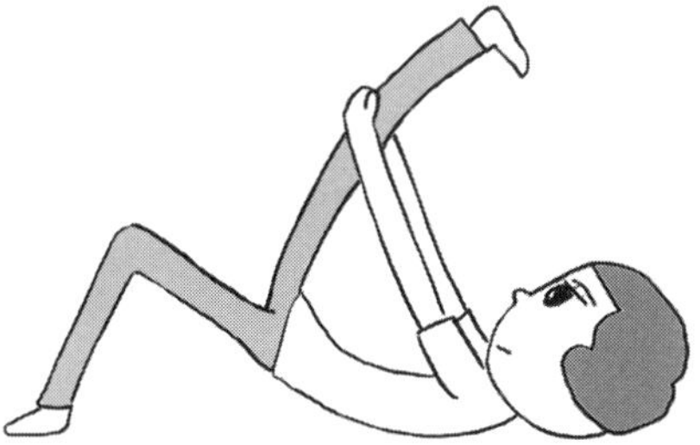

ももの後ろを伸ばす

仰向けに寝て片方の膝を立てる。もう片方のふくらはぎに手を添え、なるべく膝の後ろを伸ばすようにしながら膝をゆっくりと体の方へ引き寄せる。もし手が届かない場合は、タオルなどを回し、両端を持って。反対側も行う。

腸腰筋を伸ばす

片方の膝を立て、反対の膝は床につく。胸を引き上げるようにして、骨盤を前に押し出す。背筋はまっすぐに。脚のつけ根をしっかりと伸ばす。反対側も同様に。ストレッチはすべて、自然に呼吸をしながら、10 ～ 20秒伸ばす。

手抜きダイエット

第5章

もう太りません。中年女子だって楽しくキープできるはず

カヨコの
理想体重キープ生活
ダイエットが成功してから約3年が過ぎようとしています
現在も体重47キロ体脂肪率23％前後をキープ
たまったゼイ肉をいったん落とした後は
ダイエット期間中ほどガンバらなくてもキープできるようです
なるべくリバウンドしない方法をチョイスしたかいあったのかも
1ヶ月に2キロまで
栄養バランス
軽い運動
食事を抜かずに20％減
現在、運動は週1回のダンスだけ
ゼイニク減らした
ヨゥ ヨゥ
あとはふだんなるべく動くようにしたり
○○スーパー

食生活は好きなものを食べるけど
おやつにたこやきおいしー
ごちそーさま
食べすぎを習慣にしないよう気をつけています
寝る前にラーメン食べたり飲み会したりもしますが
ときたまなら大丈夫みたい
今もよく測る
…しかし
それがついついい毎日続いてしまうことが…
復活
ダメダメな私
だって
人間だもの
するとやっぱり
太る
…2キロ増えてる
そんなときは2キロ増のうちに調整するようにしています
またダイエットルールを試してと
1ヶ月くらいかけてもとにもどす
あらためて実感ダメダメ生活を毎日くり返すと
さすがに太る

まー
とにかく
ヤセることが
できました
そのおかげで
あっ
身のこなしも
スタッ
軽くなった!!
…ような気がする
それに
よく言われるのが
ヤセて若くなった
目が大きくなってる
えっ?
そォ?
オホホホホ
もう1回言って
キレイになって誰だかわからなかった
鎖骨あったんだ?!
他にも
コレステロール値や
中性脂肪値が
下がったなど
健康によいことが
あります
やった
健康診断
でも
なんといっても
一番うれしかった
ことは

Mサイズが…
入る!!
そう
服の選択肢が増えたこと!
太っていた頃は入ってなおかつヤセて見えるという条件で服を選んでいました
くそー
お腹まわりが隠せるためチュニックの流行はありがたかった
←黒が多い
ヤセて見えていたかはギモン…
…というわけでどうやら私はダイエット挫折人生に終止符を打つことができたようです
…じゃあホントウに
中年太りでもヤセられるということなのネ?!
だってホレ
わかった私もヤセるワ
そして来年は一緒にビキニでプールよ!
ビ、ビキニか…
よ よしっ!
完!

おわりに

「こんなんで、よくヤセられたなあ」。実は今回、漫画を描きながら何度も思ったことです。ちょっと量を減らして、食べる時間を早めて、少しだけ運動して。簡単に言ってしまえばそれだけでした。まわりからは「キツかったでしょ」と言われるけれど、本人は至って楽。不思議な感じでした。

　けれど、そこにたどり着くまでが長かった。昔からスロースターターで、しかも辛いことが大嫌い。ヤセたいと思いながらも先送りして、始めたら始めたでトライしたのは、楽してヤセられそうなイメージのある、健康食や謎の体操。「こんなことでヤセるはずがない」と薄々気付きながらも、「寒天ダイエット」や「○○式トレーニング」に精を出していた、当

時の自分に言いたい。「ポイントはそこじゃない！」と。そして、「食べ方を見直したほうが、はるかにラクで効率的だよ」とも。

でも、いろいろ失敗したおかげで最終的な方法に到達できたのも事実です。数値の変化が小さくても焦らず記録して、ゆるやかに体重と体脂肪を落としていったのもよかったのかな、と思います。ずぼらだけれど、意外と負けず嫌いな自分を発見もしました。

ダイエットに成功して3年。今も体型は変わらないし、今回の先生方の解説で、正しい方法だったと安心できました。水着が入らない…など恥ずかしい体験もたくさん描きましたが、手に取ってくださったみなさまに、「これくらいなら私もやれるわ」と気軽に思っていただけたなら、何よりです。

２０１１年５月　山下カヨコ

ズボラで根性なしのカヨコが、
7ヶ月で10kg痩せた
『手抜きダイエット』

2011年5月20日　第1刷発行

取材協力　貴堂明世
　　　　　池田佐和子
取材・文　新田草子
校正　山根隆子
ブックデザイン　atmosphere ltd.

著者　山下カヨコ
発行者　石崎 孟
発行所　株式会社マガジンハウス
〒104-8003　東京都中央区銀座3-13-10
受注センター☎049-275-1811
書籍編集部　☎03-3545-7030
印刷・製本所　株式会社　光邦

ISBN978-4-8387-2259-4 C0095

山下カヨコ
イラストレーター、漫画家。
1959年生まれ。東京都在住。「anan」などの女性誌をはじめ、企業広報誌や広告など、数多くのメディアにイラストを寄せる。ポークランチョンミート「スパム」をこよなく愛し、買い置きは常に切らさない。趣味は海外TVドラマの鑑賞。

【監修いただいた先生】

池田佐和子さん
女性パーソナルトレーナーの第一人者として活躍中。TV、雑誌に登場するほか、オリジナルレッスンのプロデュースも手がける。

貴堂明世さん
管理栄養士。企業で栄養指導業務に携わるかたわら、雑誌などでも活躍中。監修書に『体内時計ダイエット』『1行ダイエット！』(共に小社刊)ほか。